2020 유형별

형사사건 실무 문례집

편저 : 이창범
감수 : 김태균

형사사건 실무에 필요한 7가지 문례 수록

(반성문,의견서,고소장,변론요지서,항소이유서 등)

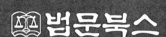 법문북스

2020 유형별

형사사건 실무 문례집

편저 : 이창범
감수 : 김태균

형사사건 실무에 필요한 7가지 문례 수록

(반성문, 의견서, 고소장, 변론요지서, 항소이유서 등)

법문북스

머리말

여러 사람들이 모여 살다 보니 각종 사건, 사고도 많이 일어나고 때로는 억울한 일을 겪게 되는 것이 우리가 사는 사회의 모습이기도 합니다.

살다보면 겪을 수도 있는 크고 작은 분쟁이 서로 원만하게 해결되면 좋겠지만 그렇지 않은 경우가 많습니다. 이럴 때에는 그 해결방법을 법의 판단에 맡기게 됩니다. 그런데 분쟁이 일어나서 막상 관련 사건에 대한 법에 대하여 알아보거나 법률 전문가의 전문적인 의견을 들어보게 되면, 예상과는 다를 경우에 당황하게 되는 경우가 간혹 있기 마련입니다.

미리 법에 대하여 어느 정도 알고 있었다면 상황을 좀 더 유리하게 이끌 수 있으며 그렇지 못하여 손해를 보는 경우도 있습니다. 이 책에서 저자의 뜻한 바는 그러한 손해나 억울함을 겪지 않도록 미리 대비하는 데에 있습니다.

반성문, 진정서, 의견서, 탄원서, 변론요지서, 항소이유서, 상고이유서는 재판을 진행하면서 많이 활용되는 서식들입니다. 특히 억울한 사정이 있는 경우 재판부에게 호소할 수 있다는 점에서, 범죄사실과 별개로 재판에서 중요한 역할을 할 수 있습니다. 따라서 억울한 사정이 있는 사람에게는 한 줄기 빛과 같은 제도라고 할 수 있습니다.

아무쪼록 이 책을 통하여 재판을 진행 중인 분들이 많은 도움을 받으시기를 바라며, 또한 실무에 종사하는 분들에게도 많은 참고가 되기를 바랍니다.

마지막으로 이 책의 출판에 힘써 주신 여러분들에게 감사의 뜻을 표하는 바이며, 법문북스 김현호 대표님을 비롯한 편집부 여러분에게도 이 지면을 통해 감사하단 말씀을 드리고 싶습니다. 더불어 본서에 문례를 제공해주신 대한법률편찬연구회에도 감사의 말씀을 전합니다.

2020년
편저 이창범

차 례

제1장

반성문

1. 반성문의 정의

반성문은 피고인이 자신의 잘못을 뉘우치며 반성의 의지를 담아 법원에 제출하는 것을 말한다. 피고인이 반성문을 제출하는 이유는 법원으로 하여금 반성의 점을 참작하여 선처 혹은 감형을 해줄 것을 바라기 위함이다. 이런 점에서 반성문의 제출은 개인의 뉘우침의 정도에 따라 선처를 받을 가능성이 있고, 이런 경우 반성문의 제출은 이로울 수도 있다.

그러나 반성문을 제출했다고 해서 무조건 선처 혹은 감형이 이루어지는 것은 아니다. 다만, 피고인이 범죄사실을 인정한 경우 선처 혹은 감형을 호소할 수 있는 수단은 진정성 있는 반성문뿐이기 때문에 피고인에게 반성문은 유용한 수단이 될 수 있다.

2. 반성문의 작성방법

반성문을 작성하는 데에 가장 중요한 점은, 피고인의 반성이 진정성 있는 반성인가를 분명히 드러내야 한다는 것입니다. 반성문을 작성하는 사람들이 주로 실수하는 것은 반성문을 6하 원칙(누가, 언제, 어디서, 무엇을, 어떻게, 왜)에 의거해 글을 작성한다는 것입니다. 어떤 사람은 법원에 제출하는 문서이기 때문에, 6하 원칙에 따라 글을 논리적으로 써야 하는 것이 아니냐고 반문할 수도 있습니다.

그러나 6하 원칙에 따라 쓰여진 글은 반성문이 아니라 진술서의 성격을 지니게 되며, 반성문을 읽게 될 재판부 입장에서는 읽을 필요 없는 부분(사건의 경과, 범죄사실)을 읽게 되는 것이기에 이러한 반성문은 아무런 의미가 없다고 볼 수 있습니다. 따라서 반성문을 작성할 때에는 반성의 진정성을 드러내는 데에 초점을 맞춰야 합니다.

【반성문(1)】 취중에 피해자와 시비가 생겨 때린 점을 반성하는 사례

반 성 문

성　　　　　명 :

주민등록번호 :

주　　　　　소 :

연락처(전화) : 집)　　　　　　　회사)　　　　　　　핸드폰)

　저는 2○○○. ○. ○○. ○○:○○경 친구 ○○○와 함께 서울 서초구 서초동 소재 ○○주점에서 술을 먹고, 같은 날 ○○:○○경 위 주점을 나와 각자 집으로 가기 위해 교대 전철역으로 가고 있던 중 반대측에서 걸어오던 피해자 ○○○와 어깨가 부딪히면서 서로 시비가 되어 주먹과 발로 얼굴과 가슴 등을 서로 때린 사실이 있습니다.

　술을 먹지 않았다면 아무런 시비 거리가 되지 않았을 것인데, 술을 먹은 기분으로 서로 시비가 되어 싸운 것입니다. 차후에는 이런 일이 발생하지 않도록 다짐하며, 검사님께서 이번 한번만 선처를 해주신다면 선량한 시민으로 살아가도록 노력하겠으며, 가정에서는 자녀들로부터 존경받는 가장이 되도록 하겠습니다.

2○○○. ○. ○○.

위 진술자　　　　　(인)

【반성문(2)】 음주운전으로 사고를 낸 점을 반성하는 사례

반 성 문

성 명 :

주민등록번호 :

주 소 :

연락처(전화) : 집)　　　　　　회사)　　　　　　핸드폰)

　저는 2○○○년 ○○월 ○○일 ○○시경 ○○역 앞에서 동료들과 회식을 한 뒤, ○○시 ○○분경 동료들과 헤어진 뒤 홀로 남았습니다. 스스로 생각하기에 술기운이 좀 깬 것 같아서, 제 차를 몰고 집으로 돌아가야겠다고 마음먹고 운전대를 잡았습니다. 그러다 ○○사거리 앞에서 택시를 보지 못하고, 사고를 내고 말았습니다. 사고를 낸 뒤에는 너무 두려운 마음이 들어서 도주를 시도했으나, 곧바로 출동한 경찰에 그대로 붙잡혔습니다.

　술을 마시고 제대로 된 판단을 내리지 못하고 운전대를 잡은 것에 깊이 후회하고 있습니다. 또한 음주운전 사고를 내고도 정신을 차리지 못하고, 곧바로 도주를 생각했던 것 또한 마음속 깊이 반성하고 있습니다.

　다시는 이와 같은 일이 절대 발생하지 않을 것을 약속드립니다. 집에서 회사까지 지하철로 출퇴근을 진행할 것이며 교육에 성실하게 임할 뿐 아니라 봉사활동을 진행하며 사회에 속죄의 길을 찾을 것입니다.

　저는 가정의 생계를 온전히 책임지는 가장으로 절대 해서는 안 될 무책임한 짓을 저질렀습니다. 저 스스로는 벌을 받아야 마땅하지만 (판사님, 검사님)께서 상황을 고려하여 선처를 부탁드립니다.

2○○○. ○. ○○.

위 진술자　　　　　(인)

제2장

진정서

1. 진정서의 정의

진정서란 개인 또는 단체가 국가나 공공기관에 대하여 일정한 사항을 진술하여 유리한 조치를 해 줄 것을 바라는 의사표시의 서면을 말한다. 따라서 진정대상은 국가기관 공공기관 경찰서 법원 등이 된다.
진정서를 제출할 수 있는 경우는 다음과 같다.

　가) 수사의 단서로서 조사가 필요한 경우
　나) 상급 검찰청에서 조사 또는 보고를 요하는 경우
　다) 검사 또는 사법경찰관이 수사 중인 사건에 관한 사항
　라) 편파적인 조사 등에 대한 시정으로 희망하는 사항
　마) 법원에 재판이 계속 중인 사건에 관한 사항
　바) 전과 사실의 정정을 희망하는 사항

2. 진정서의 작성방법

진정서는 일정한 양식이 요구되지 않으며 진실된 내용을 순차적으로 6하 원칙에 따라 기재하면 된다. 진정서를 접수한 공공기관은 내사 사건으로 수리분류 하고 해당 사안에 참작하여 처리하게 된다.

진 정 서

진 정 인 : ○   ○   ○

피 진 정 인 : ○   ○   ○

국민권익위원회 귀중

진 정 서

1. 진 정 인

성 명	○ ○ ○	주민등록번호	생략
주 소	대전시 ○○구 ○○로 ○○, ○○○-○○○○호		
직 업	상업	사무실 주 소	생략
전 화	(휴대폰) 010 - 8234 - 0000		
대리인에 의한 진 정	☐ 법정대리인 (성명 : , 연락처) ☐ 진정대리인 (성명 : 변호사, 연락처)		

2. 피진정인

성 명	○ ○ ○	주민등록번호	생략
주 소	대전시 서구 한밭대로 733		
소 속	대전 ○○경찰서		
전 화	○○○ - ○○○ - ○○○○		
기타사항	둔산경찰서 ○○지구대에 근무하고 있습니다.		

3. 진정취지

    진정인은 ○○○○. ○○. ○○. ○○:○○경 진정인이 운영하는 금은방 출입문 앞에서 나이도 어린 사람들이 술을 먹고 소변을 보아 진정인이 항의하는 과정에서 말싸움이 생겨 상대방이 넘어지면서 다쳐 폭행혐의로 처벌을 받았으나 신고를 받고 출동한 피진정인은 노상방뇨행위에 대하여 처벌하지 않는 등 편파수사를 하여 적정여부에 대한 조사를 촉구하면서 아래와 같이 진정서를 제출합니다.

4. 진정원인

(1) 노상방뇨행위

진정인은 ○○○○. ○○. ○○. ○○:○○경 진정인이 운영하는 점포 출입문 앞에서 진정 외 ○○○ 등 4명이 소변을 보아 진정인의 아내가 항의하자 ○○○이 욕을 하는데 격분하여 상대방을 밀쳐 넘어지는 바람에 전치 2주간의 치료를 요하는 폭행혐의로 처벌받은 사건(이하 '폭행사건'이라고 줄여 쓰겠습니다)과 관련하여 112신고를 받고 출동한 경찰관인 피진정인은 진정 외 ○○○의 노상방뇨 행위에 대하여 일체 처벌하지 않고 편파수사를 하였습니다.

(2) 경범죄처벌

가. 「경범죄처벌법」제1조에 "다음 각 호의 1에 해당하는 사람은 10만 원이하의 벌금, 구류 또는 과료의 형으로 벌한다. 17. 길이나 공원 그 밖의 여러 사람이 모이거나 다니는 곳에서 함부로 침을 뱉거나 대소변을 보거나 또는 그렇게 하도록 시키거나 개 등 짐승을 끌고 와 대변을 보게 하고 이를 수거하지 아니한 사람"이라고 규정되어 있고, 제6조에는 제1항에는 "경찰서장, 해양경찰서장 또는 제주특별자치도지사는 범칙자로 인정되는 사람에 대하여 그 이유를 명백히 나타낸 서면으로 범칙금을 납부할 것을 통고할 수 있다."로 되어 있고, 「경범죄처벌법시행령」제2조에는 "제5조제1항의 규정에 의한 범칙행위의 구체적인 범위와 법 제6조제2항의 규정에 의한 범칙금의 액수는 별표와 같다"고 규정되어있고, [별표] "범칙행위 및 범칙금액표에 노상방뇨는 50,000원"으로 규정되어 있습니다.

나. 피전정인이 업무를 처리함에 있어 '송치의견서'와 '임의동행 보고서'에 진정 외 ○○○는 진정인이 운영하는 금은방 출입문에 소변을 보았다고 되어 있음에도 ○○○은 경범죄로 처벌받은 사실이 없습니다.

(3) 결론

피진정인은 노상방뇨의 경우 「경범죄처벌법」에 처벌하도록 규정되어 있고 훈방의 경우 범죄 사실이 경미하고 개전의 정이 현저하며, 고령이거나 정신박약자 등 일정한 요건을 갖추어야 하나 진정 외 ○○○(남, ○○세)의 경우 이에 해당하지 않으며 훈방의 경우 근무일지에 기재하는 등 일정한 절차를 준수해야 하나 이러한 사실이 또한 발견할 수 없는 것을 볼 때 피진정인이 진정인만 폭행혐의로 입건하고 진정 외 ○○○의 노상방뇨에 대해서는 처벌하지 않았다는 것은 부당하므로 피진정인을 조사하여 적절한 조치를 취하여 주시기 바랍니다.

5. 증거자료

□ 진정인은 진정인의 진술 외에 제출할 증거가 없습니다.

■ 진정인은 진정인의 진술 외에 제출할 증거가 있습니다.

☞ 제출할 증거의 세부내역은 별지를 작성하여 첨부합니다.

6. 관련사건의 수사 및 재판 여부

① 중복 신고여부	본 진정서와 같은 내용의 진정서 또는 고소장을 다른 검찰청 또는 경찰서에 제출하거나 제출하였던 사실이 있습니다 □ / 없습니다 ■
② 관련 형사사건 수사 유무	본 진정서에 기재된 범죄사실과 관련된 사건 또는 공범에 대하여 검찰청이나 경찰서에서 수사 중에 있습니다 □ / 수사 중에 있지 않습니다 ■
③ 관련 민사소송 유무	본 진정서에 기재된 범죄사실과 관련된 사건에 대하여 법원에서 민사소송 중에 있습니다 □ / 민사소송 중에 있지 않습니다 ■

7. 기타

본 진정서에 기재한 내용은 진정인이 알고 있는 지식과 경험을 바탕으로 모두 사실대로 작성하였습니다.

○○○○ 년 ○○ 월 ○○ 일

위 진정인 : ○ ○ ○ (인)

국민권익위원회 귀중

별지 : 증거자료 세부 목록

    (범죄사실 입증을 위해 제출하려는 증거에 대하여 아래 각 증거별로
    해당란을 구체적으로 작성해 주시기 바랍니다)

1. 인적증거 (목격자, 기타 참고인 등)

성 명		주민등록번호			
주 소	자택 : 직장 :			직업	
전 화	(휴대폰)				
입증하려는 내 용					

2. 증거서류(진술서, 차용증, 각서, 진단서 등)

순번	증 거	작성자	제출 유무
1	송치의견서	경찰관	■ 접수시 제출 □ 수사 중 제출
2	폭행사건	진정인	■ 접수시 제출 □ 수사 중 제출
3			□ 접수시 제출 □ 수사 중 제출
4			□ 접수시 제출 □ 수사 중 제출
5			□ 접수시 제출 □ 수사 중 제출

3. 증거물

순번	증 거	작성자	제출 유무
1	송치의견서	진정인	■ 접수시 제출 □ 수사 중 제출
2	진술서	진정인	■ 접수시 제출 □ 수사 중 제출
3			□ 접수시 제출 □ 수사 중 제출
4			□ 접수시 제출 □ 수사 중 제출
5			□ 접수시 제출 □ 수사 중 제출

4. 기타 증거

    필요에 따라 수시 제출하겠습니다.

【진정서②】 교통사고 경찰관이 피해자를 가해자로 잘못 처리하여 재수사해 달라는 진정서

진 정 서

진 정 인 : ○   ○   ○

피 진 정 인 : ○   ○   ○

국민권익위원회 귀중

진 정 서

1. 진 정 인

성 명	○ ○ ○	주민등록번호	생략
주 소	충청남도 당진시 ○○로 ○○○, ○○○-○○○호		
직 업	상업	사무실 주 소	생략
전 화	(휴대폰) 010 - 8765 - 0000		
대리인에 의한 진 정	□ 법정대리인 (성명 : , 연락처) □ 진정대리인 (성명 : 변호사, 연락처)		

2. 피진정인

성 명	○ ○ ○	주민등록번호	생략
주 소	충청남도 당진시 무수동7길 144		
소 속	충남 ○○경찰서		
전 화	○○○ - ○○○ - ○○○○		
기타사항	○○경찰서 수사과장, 지구대장, 담당 형사 등		

3. 진정취지

피진정인이 진정인 운행의 마티즈차량과 진정 외 ○○○(이하"뉴 소나타차량 운전자"라고 하겠습니다) 운행의 뉴 소나타차량 간에 발생한 교통사고에 관하여 단순히 신호기 고장여부 확인만으로 진정인을 가해자로 지목하고 있는 것은 증거 조사가 미흡한 상태에서 사고당사자의 증언에만 치우쳐 조사한 결과이므로 공정한 재수사를 통하여 정확한 사고원인을 규명해 주시기 바랍니다.

4. 진정원인

(1) 도로교통법

가.「도로교통법」제5조 제1항은 "도로를 통행하는 보행자와 차마의 운전자는 교통안전시설이 표시하는 신호 또는 지시...를 따라야 한다." 라고 규정하고 있고,「도로교통법」제31조 제2항1호에는 "모든 차의 운전자는 다음 각 호의 어느 하나에 해당하는 곳에서는 일시정지 하여야 한다. 1. 교통정리가 행하여지고 있지 아니하고 좌우를 확인할 수 없거나 교통이 빈번한 교차로" 라고 규정하고 있으며,「질의 회시」(1993. 3. 26. 경찰청 교안 63320-358)에는 "교차로 상에서 차량충돌 시 진입거리 측정을 해야 하는 경우 정지선을 기준으로 하여 횡단보도 직전 정지선이 그어져 있으면 그 지점으로부터 …" 라고 명시되어 있고「질의 회시」(1995. 5. 17. 경찰청 교안 63320-1142)에는 "사고당시 신호기가 고장중이면 신호위반 적용 불가하며 사고 장소가 교차로상이면 신호등 없는 교차로 개념에 따라 사고조사·처리 되어야 할 것임" 이라고 명시하고 있습니다.

(2) 이 사건 교통사고의 신호체계

가. 진정인은 일시정지선에서 정상 직진신호를 보고 출발하였다는 사실은 참고인들의 진술로서도 확인할 수 있습니다.
두 차량이 일시정지선에서 사고지점까지 이동한 시간과 사고 발생시점을 함께 고려하면 진정인의 출발 시작과 뉴소나타차량 운전자가 사고 전 일시 정지선을 통과할 무렵은 시간적으로 거의 동시에 발생되어야 할 것입니다.

나. 사고 발생시점부터 시간을 역으로 추정하여 두 차량이 이동된 시간과 신호기 고장시간을 함께 고려하여, 두 차량이 사고 전 각각의 일시정지선에서 위치하였을 때의 신호를 보면 진정인은 직진 신호가 켜져 출발을 시작하는 단계이고 뉴 소나타차량 운전자 신호는 녹색 진행 신호가 아니라 신호기고장으로 인해 황색점멸신호가 끝나가는 단계이

거나 혹은 신호기가 정상적으로 회복되어 적색신호가 시작되는 단계이어야 하는데 피진정인의 판단은 잘못된 것입니다.

(3) 결론

교통이 빈번한 사고지점의 교차로에서 진정인이 사고 전 신호기의 고장이 있었다 할지라도 정상적인 신호기 표시에 따라 교차로를 진행한 진정인의 행위가 신호기 고장으로 인해 교통정리가 행하여지고 있지 않는 교차로를 진행하면서 교차로 진입 전 일시정지를 위반한 뉴 소나타차량 운전자의 행위보다도 더 위법하다고 진정인을 가해자로 지목하고 있는 것은 피진정인의 의견은 증거 조사가 미흡한 상태에서 사고당사자의 증언에만 치우쳐 조사한 결과입니다.

따라서 피진정인의 이 사건 교통사고의 조사는 증거조사가 미흡한 상태에서 이루어져 부당하므로 다시 공정한 재수사를 통하여 정확한 사고원인을 규명해 주시기 바랍니다.

5. 증거자료

□ 진정인은 진정인의 진술 외에 제출할 증거가 없습니다.

■ 진정인은 진정인의 진술 외에 제출할 증거가 있습니다.

☞ 제출할 증거의 세부내역은 별지를 작성하여 첨부합니다.

6. 관련사건의 수사 및 재판 여부

① 중복 신고여부	본 진정서와 같은 내용의 진정서 또는 고소장을 다른 검찰청 또는 경찰서에 제출하거나 제출하였던 사실이 있습니다 □ / 없습니다 ■
② 관련 형사사건 수사 유무	본 진정서에 기재된 범죄사실과 관련된 사건 또는 공범에 대하여 검찰청이나 경찰서에서 수사 중에 있습니다 □ / 수사 중에 있지 않습니다 ■
③ 관련 민사소송 유무	본 진정서에 기재된 범죄사실과 관련된 사건에 대하여 법원에서 민사소송 중에 있습니다 □ / 민사소송 중에 있지 않습니다 ■

7. 기타

본 진정서에 기재한 내용은 진정인이 알고 있는 지식과 경험을 바탕으로 모두 사실대로 작성하였습니다.

○○○○ 년 ○○ 월 ○○ 일

위 진정인 : ○ ○ ○ (인)

국민권익위원회 귀중

별지 : 증거자료 세부 목록

(범죄사실 입증을 위해 제출하려는 증거에 대하여 아래 각 증거별로 해당 난을 구체적으로 작성해 주시기 바랍니다)

1. 인적증거 (목격자, 기타 참고인 등)

성 명	○ ○ ○	주민등록번호	생략		
주 소	자택 : 당진시 ○○로 ○○○,○○○호 직장 : 당진시 ○○로 ○○, ○○호			직업	회사원
전 화	(휴대폰) 010 - 1245 - 0000				
입증하려는 내 용	위 ○○○은 진정인과 뉴 소나타차량이 일어난 교통사고를 우연히 길을 자나면서 목격한 사실을 입증하고자 합니다.				

2. 증거서류(진술서, 차용증, 각서, 진단서 등)

순번	증 거	작성자	제출 유무
1	교통사고사실확인원	진정인	■ 접수시 제출 □ 수사 중 제출
2	진술서	진정인	■ 접수시 제출 □ 수사 중 제출
3			□ 접수시 제출 □ 수사 중 제출
4			□ 접수시 제출 □ 수사 중 제출
5			□ 접수시 제출 □ 수사 중 제출

3. 증거물

순번	증 거	작성자	제출 유무
1	진술서	진정인	■ 접수시 제출 □ 수사 중 제출
2	사고사실확인원	진정인	■ 접수시 제출 □ 수사 중 제출
3			□ 접수시 제출 □ 수사 중 제출
4			□ 접수시 제출 □ 수사 중 제출
5			□ 접수시 제출 □ 수사 중 제출

4. 기타 증거

필요에 따라 수시 제출하겠습니다.

【진정서③】 교통사고의 피해자 부모님이 재판장님께 피고인을 엄벌에 처하여 달라고 호소하는 진정서

진 정 서

진 정 인 : ○   ○   ○

피 진 정 인 : ○   ○   ○

정읍지원 형사1단독 귀중

진 정 서

1. 진 정 인

성　　명	○ ○ ○	주민등록번호	생략
주　　소	전라북도 정읍시 ○○로 ○○○, ○○-○○○호		
직　　업	상업	사무실 주　소	생략
전　　화	(휴대폰) 010 - 2678 - 0000		
대리인에 의한 진　　정	□ 법정대리인 (성명 :　　　,　　연락처　　　　) □ 진정대리인 (성명 : 변호사,　연락처　　　　)		

2. 피진정인

성　　명	○ ○ ○	주민등록번호	생략
주　　소	전라북도 정읍시 ○○로 ○○, ○○○호		
직　　업	무직	사무실 주　소	
전　　화	(휴대폰) 010 - 2348 - 0000		
기타사항	○○○○형제○○○○호 교통사고처리특례법위반		

3. 진정취지

진정인 ○○○○. ○○. ○○. ○○:○○경 전라북도 정읍시 ○○에서 김제방면 기아자동차 앞 노상에서 일어난 교통사로 인하여 현재 전주지방법원 정읍지원에서 ○○○○고단○○○○호로 공판 중에 있는 피진정인 겸 피고인 ○○○의 피해자 ○○○의 아버지로서 존경하는 재판장님께 진정하오니 피진정인 겸 피고인 ○○○을 엄벌에 처하여 주시기 바랍니다.

4. 진정원인

(1) 이 사건 교통사고의 실체

> 가. 피해자 ○○○은 ○○○○. ○○. ○○. ○○:○○경 전라북도 정읍시 ○○에서 김제방면 기아자동차 앞 노상에서 골목길을 건너고 있었는데 피진정인 겸 피고인 ○○○이 운전하던 ○○터○○○○호 체어맨 승용차량이 피해자를 충격하였습니다.

> 나. 이 사건 교통사고로 인하여 현재 피해자는 전주 ○○대학교병원에 입원가료 중에 있는데 100일이 넘도록 의식불명상태로 사경을 헤매고 있습니다.

(2) 피해자의 가족이 드리는 진정

> 가. 피해자가 교통사고를 당했다는 청천벽력 같은 소식을 접하고 온 가족들은 무척이나 놀라고 당황스러움을 감추지 못하였습니다.
> 벌써 피해자가 교통사고를 당한지 100일이 지났음에도 아직 피해자는 의식을 회복하지 못하고 사경을 헤매고 있는 형편입니다.
> 피해자는 언제 의식이 돌아올지도 모른 다고 합니다.
> 이렇듯 병원에 입원해 있는 피해자를 보고 있는 부모의 입장에서 한숨만 나오고 가슴이 찢어질듯 괴롭기만 합니다.
> 더군다나 이번 교통사고를 일으킨 피진정인 겸 피고인 ○○○은 한 젊은 인생을 이렇게 망쳐놓고도 진정인을 비롯한 가족들에게 조차 아무런 사죄의 표시도 없어서 심히 괘씸하고 밉습니다.

> 나. 한 아이의 애비로서 눈만 멍하니 뜨고 있는 피해자를 바라보고 아무 것도 해줄 수 없다는 생각에 분하고 원통하기만 합니다.

(3) 결어

　　진정인과 피해자의 온 가족은 피진정인 겸 피고인 ○○○이 형사재판으로 인하여 법의 심판을 제대로 받길 원하고 또 원합니다.

　　이유야 어찌되었건 인간의 탈을 쓰고 피해자를 이렇게 무심하게 대할 수 있는지 양심이 제대로 박힌 사람이라면 감히 이렇게 할 수는 없다고 생각합니다.

　　진정인이 재판장님께 생면부지로서 거듭 머리를 조아리며 피진정인 겸 피고인 ○○○을 법이 허용하는 최대한 엄벌에 처하여 주시길 피해자의 온 가족의 이름으로 간곡히 호소합니다.

5. 증거자료

　　□ 진정인은 진정인의 진술 외에 제출할 증거가 없습니다.

　　■ 진정인은 진정인의 진술 외에 제출할 증거가 있습니다.

　　　　☞ 제출할 증거의 세부내역은 별지를 작성하여 첨부합니다.

6. 관련사건의 수사 및 재판 여부

① 중복 신고여부	본 진정서와 같은 내용의 진정서 또는 고소장을 다른 검찰청 또는 경찰서에 제출하거나 제출하였던 사실이 있습니다 □ / 없습니다 ■
② 관련 형사사건 수사 유무	본 진정서에 기재된 범죄사실과 관련된 사건 또는 공범에 대하여 검찰청이나 경찰서에서 수사 중에 있습니다 □ / 수사 중에 있지 않습니다 ■
③ 관련 민사소송 유무	본 진정서에 기재된 범죄사실과 관련된 사건에 대하여 법원에서 민사소송 중에 있습니다 □ / 민사소송 중에 있지 않습니다 ■

7. 기타

　　본 진정서에 기재한 내용은 진정인이 알고 있는 지식과 경험을 바탕으로 모두 사실대로 작성하였습니다.

○○○○ 년 ○○ 월 ○○ 일

위 진정인 : ○　○　○　　(인)

정읍지원 형사1단독 귀중

별지 : 증거자료 세부 목록

　　　　(범죄사실 입증을 위해 제출하려는 증거에 대하여 아래 각 증거별로
　　　　해당 난을 구체적으로 작성해 주시기 바랍니다)

1. 인적증거 (목격자, 기타 참고인 등)

성　　명	○ ○ ○	주민등록번호	생략		
주　　소	자택 : 직장 :			직업	
전　　화	(휴대폰) 010 - 7654 - 0000				
입증하려는 내　용					

2. 증거서류(진술서, 차용증, 각서, 진단서 등)

순번	증　거	작성자	제출 유무
1	가족관계증명서	진정인	■ 접수시 제출　□ 수사 중 제출
2	입원증명서	진정인	■ 접수시 제출　□ 수사 중 제출
3	피해자의 사진	진정인	■ 접수시 제출　□ 수사 중 제출
4			□ 접수시 제출　□ 수사 중 제출
5			□ 접수시 제출　□ 수사 중 제출

3. 증거물

순번	증　거	작성자	제출 유무
1	가족관계증명서	진정인	■ 접수시 제출　□ 수사 중 제출
2	입원증명서	진정인	■ 접수시 제출　□ 수사 중 제출
3	현황사진	진정인	■ 접수시 제출　□ 수사 중 제출
4			□ 접수시 제출　□ 수사 중 제출
5			□ 접수시 제출　□ 수사 중 제출

4. 기타 증거

필요에 따라 수시 제출하겠습니다.

【진정서④】 경찰관이 112신고를 받고도 늦장 출동하는 바람에 사고수습에 문제
가 생겨 조사해 달라는 진정서

진 정 서

진 정 인 : ○   ○   ○

피 진 정 인 : ○   ○   ○

국민권익위원회 귀중

진 정 서

1. 진 정 인

성 명	○ ○ ○	주민등록번호	생략
주 소	광주시 ○○구 ○○로 ○○, ○○○-○○○호		
직 업	회사원	사무실 주 소	생략
전 화	(휴대폰) 010 - 9876 - 0000		
대리인에 의한 진 정	□ 법정대리인 (성명 : , 연락처) □ 진정대리인 (성명 : 변호사, 연락처)		

2. 피진정인

성 명	○ ○ ○	주민등록번호	생략
주 소	광주광역시 광산구 어등대로 551		
소 속	광주 ○○경찰서		
전 화	○○○ - ○○○ - ○○○○		
기타사항	○○경찰서 ○○지구대에 근무하고 있습니다.		

3. 진정취지

진정인은 ○○○○. ○○. ○○. ○○:○○경 음주교통사고로 112신고를 4차례 하였으나 신고접수자의 접수 미비로 경찰관이 늦장 출동하여 가해자가 도주하는 등 교통사고가 처리가 잘못되었는바, 피진정인에 대하여 조사를 촉구하면서 아래와 같이 진정서를 제출합니다.

4. 진정원인

(1) 112신고센터운영규칙

　가.「112신고센터운영규칙」제6조에 112센터의 기능으로 '1. 112 신고 등 제반신고사항에 대한 접수와 지령...(중략)... 5. 112센터에 접수되는 모든 신고사항에 대한 기록유지'라고 규정되어 있고, 동 규칙 제13조 제2항 나, 호에 '112 신고 접수시 허위·오인·장난신고 등에 대한 접수자의 임의적 판단조치를 금하고 출동요소를 사건현장에 출동시켜 확인한 결과에 따라 처리하여야 한다.'라고 규정되어 있습니다.

(2) 교통사고처리특례법

　가.「교통사고처리특례법」제2조에 교통사고는 '차의 교통으로 인 하여 사람을 사상하거나 물건을 손괴하는 것을 말한다.' 라고 정의되어 있습니다.

　나. 진정인이 112신고를 한 것은 교통사고가 발생했다고 신고한 것이 아니고 음주 운전자를 잡았다는 신고입니다.

(3) 결론

　진정인은 ○○○○. ○○. ○○. ○○:○○경 음주교통사고로 피해를 입고 112신고를 하였으나 신고접수자의 접수 미비로 경찰관이 늦장 출동하여 가해자가 도주하는 등 교통사고가 처리가 잘못되었으므로 피진정인에 대한 조사를 통하여 적절한 조치를 취하여 주시기 바랍니다.

5. 증거자료

　□ 진정인은 진정인의 진술 외에 제출할 증거가 없습니다.

　■ 진정인은 진정인의 진술 외에 제출할 증거가 있습니다.

　　☞ 제출할 증거의 세부내역은 별지를 작성하여 첨부합니다.

6. 관련사건의 수사 및 재판 여부

① 중복 신고여부	본 진정서와 같은 내용의 진정서 또는 고소장을 다른 검찰청 또는 경찰서에 제출하거나 제출하였던 사실이 있습니다 □ / 없습니다 ■
② 관련 형사사건 수사 유무	본 진정서에 기재된 범죄사실과 관련된 사건 또는 공범에 대하여 검찰청이나 경찰서에서 수사 중에 있습니다 □ / 수사 중에 있지 않습니다 ■
③ 관련 민사소송 유무	본 진정서에 기재된 범죄사실과 관련된 사건에 대하여 법원에서 민사소송 중에 있습니다 □ / 민사소송 중에 있지 않습니다 ■

7. 기타

본 진정서에 기재한 내용은 진정인이 알고 있는 지식과 경험을 바탕으로 모두 사실대로 작성하였습니다.

○○○○ 년 ○○ 월 ○○ 일

위 진정인 : ○ ○ ○   (인)

국민권익위원회 귀중

별지 : 증거자료 세부 목록

　　　(범죄사실 입증을 위해 제출하려는 증거에 대하여 아래 각 증거별로 해당 난을 구체적으로 작성해 주시기 바랍니다)

1. 인적증거 (목격자, 기타 참고인 등)

성　명		주민등록번호			
주　소	자택 : 직장 :			직업	
전　화	(휴대폰)				
입증하려는 내　용					

2. 증거서류(진술서, 차용증, 각서, 진단서 등)

순번	증　거	작성자	제출 유무
1	신고내역	진정인	■ 접수시 제출　□ 수사 중 제출
2	목격자진술서	진정인	■ 접수시 제출　□ 수사 중 제출
3			□ 접수시 제출　□ 수사 중 제출
4			□ 접수시 제출　□ 수사 중 제출
5			□ 접수시 제출　□ 수사 중 제출

3. 증거물

순번	증　거	작성자	제출 유무
1	112신고	진정인	■ 접수시 제출　□ 수사 중 제출
2	진술서	진정인	■ 접수시 제출　□ 수사 중 제출
3			□ 접수시 제출　□ 수사 중 제출
4			□ 접수시 제출　□ 수사 중 제출
5			□ 접수시 제출　□ 수사 중 제출

4. 기타 증거

　　필요에 따라 수시 제출하겠습니다.

【진정서⑤】 경찰관이 불법체포 및 경찰 장신구를 사용하고 인권침해 하여 철저
히 조사해 달라는 진정서

진　정　서

진　정　인 :　○　　　○　　　○

피　진　정　인 :　○　　　○　　　○

국민권익위원회 귀중

진 정 서

1. 진정인

성 명	○ ○ ○	주민등록번호	생략
주 소	전라남도 순천시 ○○로 ○○, ○○○-○○○호		
직 업	어업	사무실 주 소	생략
전 화	(휴대폰) 010 - 9844 - 0000		
대리인에 의한 진 정	□ 법정대리인 (성명 : , 연락처) □ 진정대리인 (성명 : 변호사, 연락처)		

2. 피진정인

성 명	○ ○ ○	주민등록번호	생략
주 소	전라남도 순천시 조비길 2,		
직 업	경찰관	사무실 주 소	생략
전 화	1566 - 0112		
기타사항	순천경찰서 월동치안센터 근무 중		

3. 진정취지

피진정인은 순천경찰서 월동치안센터에서 근무하는 경찰관으로서 ○○○
○. ○○. ○○. ○○:○○경 진정인이 ○○로 ○○농협 앞에서 여성과 1
만원 때문에 시비가 있던 중, 출동하여 진정인의 왼손가락에 깍지를 끼
어 꺾었고, 먼저 두 번이나 진정인을 밀어내기에 진정인이 왜 자꾸 사람
을 왜 미느냐며 피진정인의 가슴을 밀어내자, 바로 진정인의 팔을 뒤로

꺾어 수갑을 채우고 위 월동치안센터로 연행하였으며, 월동치안센터에 가서도 진정인을 소파에 넘어뜨려 목을 누르고 수갑 찬 팔을 누르며 고통을 주어 진정인의 신체의 자유를 침해하였으므로 철저히 조사하여 피진정인을 적의 조치해 주시기 바랍니다.

4. 진정원인

(1) 이 사건 인권침해의 실체

가. 피진정인은 ○○○○. ○○. ○○. ○○:○○경 남자 한 명이 월동치안센터로 들어와 자신과 여자 친구에게 자꾸 욕설을 하고 시비를 걸고 있는 사람(진정인)이 있으니 도와달라고 신고함에 따라, 경사 ○○○과 함께 밖으로 나가 경위를 알아보려고 하던 중, 진정인이 욕설을 하며 얘기 듣는 것을 방해하다가 진정 외 ○○○이 손에 1만원을 들고 월동치안센터 앞쪽으로 다가오자 갑자기 위 돈은 자신이 준 것이라면서 강제로 ○○○에게서 위 1만원을 빼앗으려 하므로 일단 진정인의 손목을 잡고 이를 제지하였습니다.

나. 피진정인은 이후 욕설을 하며 항의하는 진정인과 월동치안센터 밖에서 실랑이 하다가 ○○:○○경 먼저 진정인을 배와 양팔로 밀쳤고, 이에 진정인이 맞서 양팔로 피진정인의 가슴을 밀치자, 경사 ○○○과 함께 진정인을 공무집행방해 현행범인으로 체포하면서, 양 옆에서 진정인의 양팔을 뒤로 꺾어 잡고 진정인의 상체를 누른 상태로 원동치안센터로 연행하였습니다.
이 사건과 관련하여 위에서 본 바와 같이 진정인이 공무집행방해에 대하여 무혐의 불기소 처분이 되었고 위 체포 과정에서 진정인이 손가락과 팔뚝에 부상을 입은 것이므로 피진정인의 진정인에 대한 체포행위는「헌법」제12조가 정한 진정인의 신체의 자유를 침해한 것입니다.

(2) 결론

이에 조치사항으로는, 이미 피진정인이 이 사건과 관련하여 전남지방경
찰청장으로부터 경고처분을 받은 사실이 있기는 하나, 검찰조사 과정에
서 진정인의 요구에 의해 월동치안센터의 CCTV영상이 확보되지 못하
였다면 진정인이 공무집행방해죄로 처벌될 수도 있었던 상황을 감안하
면 보다 엄중한 조치가 필요하다고 판단되오니 피진정인을 적의 조치하
여 주시기 바랍니다.

5. 증거자료

□ 진정인은 진정인의 진술 외에 제출할 증거가 없습니다.

■ 진정인은 진정인의 진술 외에 제출할 증거가 있습니다.

☞ 제출할 증거의 세부내역은 별지를 작성하여 첨부합니다.

6. 관련사건의 수사 및 재판 여부

① 중복 신고여부	본 진정서와 같은 내용의 진정서 또는 고소장을 다른 검찰청 또는 경찰서에 제출하거나 제출하였던 사실이 있습니다 □ / 없습니다 ■
② 관련 형사사건 수사 유무	본 진정서에 기재된 범죄사실과 관련된 사건 또는 공범에 대하여 검찰청이나 경찰서에서 수사 중에 있습니다 □ / 수사 중에 있지 않습니다 ■
③ 관련 민사소송 유무	본 진정서에 기재된 범죄사실과 관련된 사건에 대하여 법원에서 민사소송 중에 있습니다 □ / 민사소송 중에 있지 않습니다 ■

7. 기타

본 진정서에 기재한 내용은 진정인이 알고 있는 지식과 경험을 바탕으로
모두 사실대로 작성하였습니다.

○○○○ 년 ○○ 월 ○○ 일

위 진정인 : ○　○　○　　(인)

국민권익위원회 귀중

별지 : 증거자료 세부 목록

　　　(범죄사실 입증을 위해 제출하려는 증거에 대하여 아래 각 증거별로
　　　해당 난을 구체적으로 작성해 주시기 바랍니다)

1. 인적증거 (목격자, 기타 참고인 등)

성　　명	○　○　○	주민등록번호	생략		
주　　소	자택 :　　　　　직장 :			직업	
전　　화	(휴대폰) 010 - 0000 - 0000				
입증하려는 내　용					

2. 증거서류(진술서, 차용증, 각서, 진단서 등)

순번	증　　거	작성자	제출 유무
1	진단서	진정인	■ 접수시 제출　□ 수사 중 제출
2	CCTV영상자료		■ 접수시 제출　□ 수사 중 제출
3			□ 접수시 제출　□ 수사 중 제출
4			□ 접수시 제출　□ 수사 중 제출
5			□ 접수시 제출　□ 수사 중 제출

3. 증거물

순번	증　　거	작성자	제출 유무
1	CCTV영상자료	진정인	■ 접수시 제출　□ 수사 중 제출
2			□ 접수시 제출　□ 수사 중 제출
3			□ 접수시 제출　□ 수사 중 제출
4			□ 접수시 제출　□ 수사 중 제출
5			□ 접수시 제출　□ 수사 중 제출

4. 기타 증거

　필요에 따라 수시 제출하겠습니다.

제3장

의견서

1. 의견서의 정의

법률의견서는 경찰이나 검찰의 수사 또는 법원단계에서 변호인이 선임되는 경우에, 변호인이 선임한 피의자 또는 피고인에 대한 사건에 관하여 사실관계와 법률적 쟁점을 정리하여 제출하는 서류를 뜻한다.

형사소송법 제266조의2는 "피고인 또는 변호인은 공소장 부본을 송달받은 날로부터 7일 이내에 공소사실에 대한 인정 여부, 공판준비절차에 관한 의견 등을 기재한 의견서를 법원에 제출하여야 한다."고 하고 있고, "다만, 피고인이 진술을 거부하는 경우에는 그 취지를 기재한 의견서를 제출할 수 있다."고 하고 있다. 2항은 "법원은 제1항의 의견서가 제출된 때에는 이를 검사에게 송부하여야 한다."고 정하고 있다.

2. 의견서의 작성방법

의견서의 양식은 법원에서 정한 양식대로 제출하면 됩니다. 그러나 필요에 따라서는 개인의 상황에 따라 양식을 변경하거나 새로운 양식을 적용해도 무방합니다.

의 견 서

사 건 번 호 : ○○○○고단○○○○호 강제추행

피 고 인 : ○   ○   ○ (123456 - 1234567)

창원지법 형사2단독 귀중

의 견 서

사 건 : ○○○○고단○○○○호 강제추행
피 고 인 : ○ ○ ○ (주민등록번호)
전화번호 : 010 - 1234 - 0000

위 사건에 관하여 피고인은 다음과 같이 의견을 개진합니다.

- 다 음 -

1. 본건 공소사실 중, 범행시각

피고인은 본건 공소사실을 인정하지만, 그 범행시각에 있어 공소장에 기재된 01:35경은 실제 범행시각과 차이가 있습니다. 즉, 실제 본건 범행이 이뤄졌던 시각은 01:24경입니다.

공소장의 01:35경과 피고인이 주장하는 01:24경(CCTV상 기록으로 뒷받침)은 불과 9분 정도의 시간 차이에 불과함에도 굳이 이를 지적하는 이유는, 공소사실 시각이 01:24경이 될 경우, 피고인의 후술하는 주장과 같이 ① 본건 범행 이후 피고인과 피해자 간에 "○○○", "○○"이라는 다소 장난스러운 문자메시지를 서로 교환한 점, ② 피해자가 본건 범행을 당한 후 다시 범행현장인 31번 테이블에서 나와 카운터에 놓여 있던 피고인의 핸드폰을 가지고 31번 테이블 안으로 들어갈 때 다소 웃는 표정의 얼굴이 CCTV 영상에 확인되는 점. ③ 피해자가 본건 범행을 당한지 약 17분 정도 지난 후에 비로소 범행현장에서 벗어난 점 등의 범행직후 정황사실이 인정되기 때문입니다. 실제로 이와 같이 공소사실 시각이 01:24경인 점은 ① CCTV 영상 기록 시각 및 ② 문자메시지의 수발신 기록 시각,

③ 피해자의 진술 중 일부에 의하여 객관적으로 뒷받침됩니다.

이와 같은 실제 공소사실 시각에 관하여는 아래 후술하는'3. 범죄의 성부에 관한 것은 아니나 일부 사실과 다른 피해자의 진술 부분'항목에서 구체적으로 적시하도록 하겠습니다.

2. 증거의 인부에 관한 의견

검찰에서 제출한 증거기록 중에는 피고인이 주장하는 실제 공소사실 시각이나 피고인의 범행과 문자메시지 교환 등의 선후관계와 다른 취지의 피해자의 진술 등이 존재합니다.

그러나 피고인은 본건 공소사실의 범죄 성립에 대하여 인정하고 있고, 다만 범행 이후의 정황관계에 대하여 검찰 및 피해자의 주장과 일부 다른 의견을 개진하고 있는 것이며, 그와 같은 피고인의 주장은 CCTV 등 객관적 자료에 의하여 소명되어 이와 저촉되는 피해자의 진술 등 부분은 충분히 탄핵 가능한 것으로 여겨지는바, 검찰이 제출한 증거 전부를 본건의 증거로 사용함에 동의합니다.

3. 범죄의 성부에 관한 것은 아니나 일부 사실과 다른 피해자의 진술 부분

피고인은 거듭 밝히지만 본건 범행의 성립에 관하여 이를 인정하고 반성하고 있습니다. 다만, 피해자의 진술 중에는 본건 범행 이후의 상황에 관하여 일부 사실과 다른 점이 존재하는데, 그것이 비록 범죄의 성부에 관한 것은 아니지만, 피고인이 후술하는 정상관계에 관한 사항에 관한 의견을 개진함에 있어, 그 전제가 되는 사실관계 부분이기 때문에 이에 관하여 언급하고자 합니다.

본 건 범행의 시점 등과 관련하여, 피해자는 그 구체적인 시각까지 정확히 기억하지는 못하지만, 각 사건경과의 순서에 따라 짚어볼 때, 대체로 [① 피고인이 피해자에게 문자메시지로 "○○"이라고 메시지를 보내고 이에 피해자가 피고인에게 "○○○"이라고 메시지를 보냄, ② 피고인이 피해자에게 31번 테이블 밖으로 나가서 음악을 틀고 오라고 함, ③ 피해자가 음악을 틀고 31번 테이블로 돌아오자마자 피고인이 갑자기 피해자의 팔을 끌어당겨 껴안고 본건 추행을 함, ④ 피해자가 이를 뿌리치고 테이블을 정리한 후 범행현장을 벗어남] 순으로 일이 진행되었다고 주장합니다.

그러나 실제로는, ① 피고인이 피해자에게 음악을 틀고 오라고 하여, 이에 피해자가 <u>31번 테이블 밖으로 나가</u> 음악을 틀기 위해 카운터로 감(CCTV 영상 기록 시간 01:22) ② 피해자가 음악을 틀고 31번 테이블로 돌아오자 곧 피고인이 본건 추행을 함(CCTV 영상 기록 시간 01:24) ③ 피고인이 핸드폰을 찾자 피해자가 밖에 카운터에 있다면서 <u>31번 테이블 밖으로 나가</u>서 이를 가지고 31번 테이블로 돌아 옴(육안으로 볼 때 CCTV 영상에 나타난 피해자의 표정은 밝아 보임)(CCTV 영상 기록 시간 01:27) ④ 피고인이 피해자로부터 건네받은 핸드폰을 가지고 피해자에게 "○○"이라고 카톡메시지를 보내고 이에 피해자가 피고인에게 "○○○"이라고 답신메시지를 보냄(문자메시지 수발신 기록 시간 01:29, 01:30) ⑤ 뒤이어 피고인이 피해자에게 "이루어질 수 없는 호감이지만 안녕 행복하세요", "안녕 안녕 이뻐요 만나든 헤어지든 안녕"이라는 문자메시지를 보냄(여기에는 피해자 무응답) (문자메시지 수발신 기록 시간 01:29, 01:30) ⑥ 피해자가 피고인이 마셨던 데킬라, 사과주스 병을 챙겨 <u>31번 테이블 밖으로 나와</u> 이를 냉장고에 집어 넣음(CCTV 영상 기록 시간 01:38) ⑦ 피해자가 31번 테이블 밖 테이블을 정리한 후, ○○○에서 나가 범행현장을 완전히 벗어남(CCTV 영상 기록 시간 01:40, 01:41)

의 순서로 사태가 진행되었습니다. 이것은 피고인의 어떤 일방적인 주장이 아니라, CCTV의 영상 및 이에 표기된 녹화시간이라는 객관적 자료에 의하여 뒷받침되는 사실입니다.

특히 본건 추행의 시점과 관련하여 위 ② 의 시점인 01:24으로 확정할 수 있는 근거는, 피해자가 총 4회에 걸쳐(고소장, 경찰 진술, 검찰 진술, 수사보고서상 진술) 피고인에게 강제추행을 당한 시점이 피고인으로부터 카운터에 가서 음악을 틀고 오라는 요청을 받고 음악을 틀고 31번 테이블로 돌아온 직후라고 분명하게 적시하고 있고, CCTV 영상 기록상 피해자가 카운터에 비치된 컴퓨터를 조작하여 음악을 틀고 돌아 온 때의 시점이 01:24이기 때문입니다.

당초 검찰에서도 이에 관한 피고인의 지적을 의식한 듯, 피해자에 대한 검찰 참고인 조사를 마친 후 피해자에게 유선으로 연락하여 이 사건 당시 (31번 테이블 밖으로 나와) 음악을 튼 횟수가 몇 번인지 물었고, 이에 대하여 피해자는 그것이 1번인지 2번인지 정확히 기억은 나지 않으나 음악을 틀고 돌아온 직후에 추행을 당한 것은 틀림없다, "○○, ○○○" 문자메시지 교환은 강제추행 이전에 있었던 것이라는 취지로 답변하였습니다.

검찰은 이러한 피해자의 수사보고서상 진술을 토대로 하여, 피해자가 정확히 기억은 하지 못하지만 음악을 틀기 위해 31번 테이블 밖으로 2번 나갔을 수 있고, 피해자가 문제의 문자메시지 교환 이후에 강제추행이 있었다고 주장하고 있음에 따라, 카톡메시지 교환 시점(01:29, 01:30)과 피해자가 마지막으로 31번 테이블 밖으로 나간 위 ⑥ 의 시점(01:38)의 사이인 01:35경으로 본건 범행시각을 특정한 것 같습니다.

그러나 이와 같은 검찰 측의 범행시각 특정은 다음과 같은 점에서 오류가 있습니다. ① 피고인과 달리 당시 술을 마시지 않아 본건에 대하여 소상히 기억하고 있는 피해자가 유독 음악을 틀러 31번 테이블 밖으로 나간 횟수에 관하여 잘 기억하지 못한다는 것이 쉽게 납득이 가지 않습니다. ② 고소장, 경찰진술, 검찰진술에서 비록 그 횟수를 명시하고 있지는 않으나, 전체적인 진술 취지에 비추어 피해자가 음악을 틀러 31번 테이블 밖으로 나간 횟수는 1회였다는 것으로 보입니다. ③ 본건 범행시각을 01:35경으로 볼 경우, 피해자가 피고인의 추행을 당하기 전 음악을 틀고 31번 테이블로 돌아왔던 시점을 위 ③의 시점인 01:27으로 볼 수밖에 없는데(01:27이 아니라면 위 ①의 시점인 01:22이 되어 오히려 피고인의 주장에 적극 부합), 01:27의 경우 피해자가 피고인의 핸드폰을 가지러 카운터에 갔다가 31번 테이블로 돌아오는 것으로서 위 ①의 경우와 같이 음악을 틀기 위한 컴퓨터에 대한 조작행위 등이 전혀 영상에 나타나지 않고, 무엇보다도 음악을 틀고 돌아와 자리에 앉으려하자마자 추행을 당하였다는 피해자의 진술과 모순을 일으킵니다. 피해자가 01:27에 음악을 틀고 31번 테이블로 돌아왔다면 피해자의 위 진술에 따라 적어도 01:27 또는 01:28 정도에 본건 추행이 일어났다고 보아야 하기 때문입니다.

결국 검찰 측은 본건 추행 이전에 문제의 문자메시지 교환이 있었다는 피해자의 진술에 충실하려 한 나머지, 본건 범행시각을 위 문자메시지 교환 시점 이후인 01:35으로 특정한 것으로 볼 수 있는데, 이것은 다른 한편으로 음악을 틀고 31번 테이블로 돌아 와 앉으려 하자마자 추행을 당했다는 피해자의 진술과 모순을 빚게 된 것입니다. 결국 이런 이유에서 본건의 실제 범행시각은 피고인이 주장하는 01:24로 보는 것이 타당합니다(피해자가 이에 관하여 일부 사실과 다른 진술을 한 것은, 자신의 의사에 반하여 피해자에게 추행을 당한 것은 틀림없는데, 피고인이 위 카톡메시지 교환 시점의 선후관계를 들어 극력 무죄를 주장하고 있고, 이로 인하여 실제와 달리 피고인에게 무혐의 처분이 내려질까 우려해서 그렇게 했던 것이 아닐까 추측해 봅니다).

이와 같이 본건의 실제 범행시각을 01:24으로 확정할 때, 피해자는 피고인에게서 본건 추행을 당한 이후(01:29, 01:30)에 피고인과"○○","○○○"문자메시지를 주고받았던 것이 맞습니다. 또한 피해자가 01:24경 추행을 당하고서 다시 피고인의 핸드폰을 가지러 31번 테이블을 나가 카운터로 가는 시점인 01:27경에는 CCTV상 그 표정이 다소 밝아 보이기까지 합니다. 피해자가 피고인에게 강제추행을 당한 이후, 피고인의 카톡메시지에 대하여 피해자가 "○○"이라는 답신메시지를 보낸 것은 통상의 강제추행 사례와 비교하여 일반적인 반응은 아니라 할 것입니다. 다만 피고인으로서는 위 메시지 화답의 정확한 의도나 동기를 헤아릴 수는 없지만, 설혹 피해자가 해당 문자메시지를 발송할 때까지만 하더라도 피고인에게 추행을 당한 것은 맞지만 이를 덮어두고 넘어갈 생각도 있었는데, 그 이후에 피고인이 추가로 보낸 문자메시지가 피해자를 계속 희롱하는 것으로만 여겨져 본건 고소에 이르게 된 것이 아닐까 조심스럽게 추측해 봅니다.

그러나 이러한 문자메시지 교환 시점의 선후관계에 대한 확인은 본건 혐의를 부인하기 위한 의도에서 하는 것이 결코 아닙니다. 피고인은 애당초 이미 피해자의 의사에 반하여, 피해자의 어떠한 명시적, 묵시적 동의도 없는 상태에서(그리고 그러한 동의가 추단될 만한 유대관계가 형성된 것도 아닌 상태에서) 일방적으로 피해자에 대한 신체접촉을 행하였다는 점에서 본건 범죄의 성립을 인정·반성합니다. 피고인은 본건 범행 후에 피해자와 위 문자메시지를 주고받았다고 해서 그것이 소급적으로 기왕에 실현된 강제추행죄의 구성요건을 조각한다거나, 피해자의 구성요건적 양해를 추단하게 하는 사정이라고 보지도 않습니다.

다만, 후술하는 바와 같이 본건 범행 이후 행해진 위 카톡메시지 교환은 역으로 본건 추행이 그 유형력의 행사나 추행의 정도에 있어 상당히 경미하였다는 점을 역으로 추론할 수 있는 사정이며(상당정도의 유형력, 추행이 일어났다면 피해자가 그와 같은 메시지를 보내기는 어려웠을 것), 또한 피고인이 수사 과정에서 처음 경찰 조사 때의 입장을 번복하여 무죄 주장으로 나가게끔 한 동기가 되기도 하는 등 피고인에 대한 양형관계가 관련성이 있습니다. 또한 실제 본건 범행시각을 01:24이라 했을 때 피해자가 본건 범행으로부터 약 17분 정도 경과한 이후에 비로소 본건 현장을 벗어난 점도 주목할 만합니다. 이하에서는 이러한 점을 전제로 하여 피고인에 대한 긍정적 양형사항에 관하여 의견을 개진하겠습니다.

4. 피고인의 양형과 관련하여 참작할 만한 각 사정

가. 유형력의 행사의 정도가 경미한 사정

본건 공소사실 자체에 의하더라도 피고인은 피해자에 대하여 피해자의 반항을 억압할 만한 어떠한 실질적인 폭행이나 협박 또는 위력을 가하여 본건 범행에 이르렀던 것이 아니라, 순간적으로 피해자의 신체에 대한 접촉을 행한 이른바'기습추행'을 하였던 것인바, 그 유형력의 행사는 상당히 경미한 수준에 그친다 할 것입니다.

또한 상술한 범행 이후 피고인, 피해자 간의 문자메시지 교환 사정에 비추어, 피해자는 당시까지만 하더라도 피고인의 추행의 정도가 그리 심하지 않고 술자리에서의 우발적 행동인 것으로 보아 이를 덮어주고 넘어가려 했던 것으로 여겨집니다(피해자 본인도 피고인이 계속하여 발송하는 문자메시지가 오히려 피해자를 약 올리는 것 같아 고소장을 제출하게 되었다는 취지로 진술한 바 있습니다).

나. 추행의 정도가 현저히 약한 사정

본건 공소사실에 의할 때 피고인은 피해자를 껴안고 순간적으로 1차례 그 허리와 둔부를 손으로 만졌던 것으로서, 그 추행의 정도가 다른 강제추행 사안들과 비교하였을 때 상당히 약한 수준인 편입니다.

통상의 강제추행 사안에 있어 추행을 당한 피해자로서는 최대한 시급히 범인으로부터, 그리고 추행 현장으로부터 벗어나려고 하는 것이 일반적이라 할 것이나, 본건에서 피해자는 피고인에게 본건 추행을 당한 후 곧바로 현장을 박차고 떠났던 것이 아니라, 추행을 당한 이후 본건 현장을 떠나기 전까지 사이에 [① 피고인의 핸드폰을 가지러 31번 테이블 밖으로 나갔다가 돌아 옴, ② 카톡 메시지 교환,

③ 31번 테이블 밖으로 나와 술병 등을 냉장고에 넣고 테이블을 치움]의 일련의 행위를 하였고, 거기에는 약 17분 상당의 시간이 경과하였습니다.

추행을 당한 이후 현장에서 벗어나기까지의 과정에 관하여, 처음에 피해자는 경찰에서 추행을 당하자마자 도망쳐 뛰어나왔다는 취지로 진술하였으나, 피고인이 제출한 CCTV 영상 기록에 따라 피해자가 추행 직후 곧바로 도망쳐 뛰어나왔던 것은 아닌 점이 확인되면서, 피해자는 검찰에서 진술할 때 추행을 당하고 바로 도망쳐 나오지 않고 테이블 정리 등을 한 후 나왔다는 것으로 입장을 변경하였습니다.

피고인의 본건 범행으로 인하여 피해자가 상당한 성적수치심을 입었을 것임은 피고인도 인정하나, 적어도 피해자가 통상의 강제추행 사안과 달리 이처럼 상당 시간이 지난 후 비로소 본건 현장을 벗어났다는 사정은, 피고인의 본건 추행의 정도가 현저히 약한 점을 뒷받침한다 하겠습니다.

다. 피고인이 피해자에 대하여 지녔던 호감

피해자는 피고인이 운영하는 ○○○에 아르바이트생으로 채용되어 근무하면서 평소 성실한 근로로 피고인에게 큰 도움을 준 바 있습니다. 피해자는 일체의 지각, 조퇴, 결근도 없이, 때로는 몸이 안 좋을 때에도 피고인의 사업장에 나와서 열심히 근로하였습니다. 피고인으로서는 여느 아르바이트생과는 달리 성실하고 또한 싹싹한 성격으로 피고인을 응대하여 주는 피해자에게 내심 호감을 가졌던 것이 사실입니다. 본건 범행은 범죄자 자신의 성적흥분, 만족감을 목적으로 하는 강제추행 유형에 해당하지 않고, 피고인이 평소 피해자에게 품었던 호감이 주취상태에서 피해자의 의사나 반응을 오해한 채 부적절하게 표현된 것이라 하겠습니다.

라. 우발적 범행

피해자는 피고인이 처음부터 피해자를 추행할 의도를 가지고 회식이라는 명목으로 피해자를 유인하여 본건 범행에 이르렀다는 취지로 수사기관에서 진술하였으나, 이것은 결코 사실이 아닙니다.

피고인이 만약 피해자에 대하여 처음부터 추행의 의도를 갖고 있었던 것이 사실이라면, 피고인 혼자서 그렇게 술을 마실 것이 아니라 피해자에게도 상당량의 음주를 권유, 유도하여 피해자를 흐트러뜨린 다음 추행으로 나아가는 것이 보다 자연스럽다 할 것입니다. 피해자도 경찰에서 이와 관련하여 피고소인이 피해자에게 술을 강요하지는 않았다고 답변하였습니다.

피해자는 피고인이 이 사건 이전에도 피해자에게 "○월 ○일은 쉬는 날이니 단 둘이서만 ○○○로 드라이브 가서 회를 먹고 오자"라고 말하였다고 주장하면서, 마치 피고인이 그 전부터 피해자에게 부적절하게 어떤 성적인 뉘앙스를 품기는 접근을 계속하다가 결국 본건 범행에 이른 것처럼 진술한 바 있습니다. 피고인이 피해자에게 농담조로 회를 먹으러 같이 여행을 가자는 이야기를 했던 것은 사실이나, 피고인은 우울증, 경계성 인격장애 등의 만성적인 정신질환을 앓아 왔는바, 대인관계에서의 어떤 반응이나 행동양식에 있어 '일반적이지 못한' 측면이 있고, 이로 인하여 평소 피해자에 대하여 가진 호감을 부적절하게 표출하여 위와 같은 발언에 이르렀던 것입니다. 하지만 피고인이 당초부터 피해자를 성적인 대상으로 놓고 어떤 행위를 목표했던 것은 결코 아닙니다. 또한 피고인은 위와 같이 이야기한 직후 바로 피해자에게 자신이 부적절한 이야기를 했다면서 오해하지 말아달라고 해명하였고, 이에 피해자 역시 농담조로 "왜 말을 번복하세요? 그냥 쭉쭉 밀고 나가세요."라고 말하여 당시에는 아무 문제없이 넘어갔던 사안이었습니다.

피해자는 또한 고소장에서 "피고소인은 본래의 회식 일행인 마감 아르바이트생을 빼 놓고 단 둘이서만 먹자로 여러 차례 회유한 후"라고 기재하여 마치 피고인이 처음부터 피해자를 추행할 의도를 갖고 다른 아르바이트생을 회식에서 배제시킨 후 피해자를 유인한 것처럼 진술하고 있으나 이것 역시 사실과 다릅니다. 우선 피해자가 지칭하는 회식이라는 것은 원래 사업장에서 다른 직원들의 참여가 전제되는 공식적인 회식이 아니었습니다. 그것은 피고인이 피해자의 시급을 일부 올려준 것에 대하여 피해자가 감사의 뜻으로 ○○등 야식을 사 가지고 와서 같이 먹기로 했던 자리였을 뿐입니다. 피고인이 다른 아르바이트생을 빼놓고 피해자와 둘이 있으려 했던 것은 해당인이 평소 근무태도가 안 좋고 남 이야기하는 것을 좋아하여 혹시라도 피고인이 술자리에서 다소 흐트러진 모습을 보일 경우 안 좋은 소문이라도 날까 걱정이 되었기 때문입니다(그러나 지금에 와서는 차라리 당시 해당 아르바이트생이 자리에 같이 있었더라면 본건과 같은 일이 발생하지 않았을 것이기에 이를 후회하고 있습니다).

이 사건 당시 피고인은 평소 술에 약한 편인데다가 비어 있는 속에 술을 마셔 상당히 취해 있는 상태였습니다. 그런 가운데 피해자가 낮에 ○○○내에서 반지를 하나 주은 것이 있다면서 이를 피고인에게 전달하였습니다(업주인 피고인이 유실물을 보관하였다가 나중에 찾으러 오는 손님에게 돌려주므로). 이 순간 피고인은 평소 피해자에 대하여 갖고 있던 호감과 술기운, 그리고 정신질환의 영향, 피해자가 자신에게 상냥하게 대하였던 점 등, 기타 외로움과 공허함 등으로 인하여 '(피해자가) 반지를 찾은 때에 바로 내게 갖다 주지 않고 지금 이 자리에서 보여주는 것은 혹시 자기 손에 그 반지를 끼워달라고 하는 것은 아닐까'라는 비약에 이르게 되었던 것 같습니다.

그리하여 피고인은 피해자에게 피해자가 좋아하는 음악을 카운터에 가서 틀고 오라고 하였고, 이에 따라 피해자가 음악을 틀고 31번 테이블로 돌아오자 그만 피고인 스스로의 감정에 압도되어 우발적으로 피해자를 끌어안고 본건 범행에 이르게 되었던 것입니다.

마. 본건 당시 피고인의 착오

피해자의 허리, 둔부에 대한 접촉과 관련하여, 피고인은 당시 주취 상태로 인하여 그 기억이 다소 불분명한 측면이 있습니다. 다만, 피고인의 기억으로는 피고인이 피해자를 껴안은 순간 피해자가 이를 당장에 뿌리친다거나 하는 즉각적인 저항이 없자, 피해자가 피고인의 그와 같은 행위에 대하여 용인하는 것으로 그 의사나 반응을 오해한 나머지 피해자의 허리, 둔부까지 손을 대었던 것 같습니다.

상술한 CCTV 영상 기록 내용, 본건 범행 직후 피해자가 현장을 벗어나기까지 사이에 있었던 일, 그 시간적 간격에 비추어 볼 때, 피해자는 피고인의 본건 추행 당시에 즉각적으로 저항하거나 바로 현장에서 도망치지는 않았다 할 것인바, 이는 피해자의 의사와 반응에 대하여 오해하였다는 피고인의 입장에 힘을 실어줍니다.

한편, 즉각적인 저항여부와 관련하여 피해자는 경찰에서 "너무 놀라서 경황이 없었고 몸이 굳어 있었어요. (○○○)"라고 진술하였고, 검찰에서는 피고인이 껴안는 순간 "처음엔 당황스럽고 또 어떤 상황인지 잘 몰라 몸이 굳어 있다가 나중엔 뿌리치며 (○○○)"라고 진술하여, 피고인이 본건 추행을 행한 이후 어느 정도 시간이 흐른 후에 피고인을 밀어냈던 것임을 알 수 있습니다.

물론 피고인의 1차적인 껴안음 행위에 관하여 피해자가 즉각적인 저항을 제대로 하지 못했다 하더라도, 그것을 피고인의 추행에 대한 어떤 용인이나 양해로 단정할 수는 없는 것이고, 오히려 갑작스런 기습추행에 관한 당혹감이나 두려움으로 인하여 저항행위로 나아가지 못할 수도 있는 것이나, 이 사건 당시 피고인은 그렇게 얼어붙어 있는 피해자가 마치 자신의 행위를 용인하고 있는 것으로 오해하고 말았던 것입니다.

또한 피고인이 본건 추행 이후 피해자에게 발송한 카톡메시지들은 그 내용들이 다 상황에 맞지 않게 엉뚱한데, 이것은 피고인이 범행 이후조차도 본건 추행에 대한 피해자의 의사나 반응, 심정에 관하여 제대로 인식하지 못했음을 드러냅니다.

바. 피고인의 진지한 반성

피고인은 사건 발생 직후 피해자에게 자신의 잘못을 인정하면서 계속 용서를 구하였고, 피의자신문에서도 잘 기억나지 않는 부분이 있으나 피해자가 말한 것이 사실일 것이라는 취지로 그 잘못을 일부 인정하였으며, 비록 중간에 변호사를 선임하여 수사를 받는 과정에서 무죄 주장으로 입장을 변경한 적이 있으나(이 점에 관하여는 그 경위를 후술합니다), 재판부에서 다시 그 혐의를 일체 시인하고 있습니다.

피고인은 본건을 계기로 자신을 돌아보면서 다시는 이와 비슷한 일을 반복하지 않을 것을 맹세하고 있고, 본건 이후로 그 언행에 극히 조심을 기하고 있습니다.

사. 형사처벌 전력

피고인은 과거 교통사고처리특례법 위반으로 벌금 100만원, 청소년 보호법 위반으로 벌금 30만원, 도로교통법위반으로 벌금 150만원의 형사처벌을 받은 외에 다른 일체의 범죄전력이 없습니다.

피고인은 이 사건 이전에 성실히 생활하여 왔고, 성실한 ○○○운영으로 한 때 언론이나 인터넷 블로그를 통해 호평을 받아 왔으며, 부모님 앞으로 된 상당액의 채무도 ○○○운영수익으로 완제해 나가는 등 건실한 사회인으로 지내 왔습니다.

아. 피해자와의 합의 과정

본건 범행은 그 특성상 피고인 본인이 다시 피해자에게 접근하는 것 그 자체만으로도 부담을 줄 수 있는바, 피고인은 피해자에게 본건과 관련하여 어떤 불편을 야기하고 싶은 마음이 전혀 없기에, 피고인 본인의 직접적인 개입 대신 일체의 합의 과정을 변호인을 통하여 진행하고 있으며, 합의에 도달하지 못할 경우 상당금액을 공탁하여 피해자에 대한 피해배상을 위해 노력할 것입니다.

5. 양형에 관한 의견

본건은 양형기준표 적용 대상 사건으로 일반강제추행죄 영역에 해당합니다. 피고인에 대한 특별양형인자 중 감경요소로는 ① 유형력의 행사가 현저히 약한 경우, ② 추행의 정도가 약한 경우를 들 수 있고 가중요소는 존재하지 않습니다. 그리고 일반양형인자 중 감경요소로는 진지한 반성을 들 수 있고, 가중요소는 없습니다. 따라서 피고인에 대하여는 일반강제추행죄의 감경영역에 해당하여 그 형량 권고 범위가 1년 이하의 징역이라 할 것입니다. 그런데 본건의 유형력 행사, 추행의 정도가 현저히 약한 점에 비추어 동종 사안에서 그 형 종을 벌금형으로 선택하는 것에 비추어 피고인에게도 그 형 종으로 벌금형으로 선택하여 주실 것을 간곡히 요청 드립니다.

한편, 상술한 것처럼 피고인은 곧 합의서 또는 공탁서를 제출하여 피해자에 대한 피해회복의 점을 소명하도록 할 것인바, 합의서제출 시 이에 대하여도 십분 참작하여 주시기 바랍니다.

6. 신상정보에 관한 공개, 고지명령에 관하여

본건 범행은 공개명령, 고지명령의 대상이 되는 성폭력범죄에 해당됩니다. 그러나 제37조, 제41조에 따라 신상정보를 공개, 고지하여서는 아니 될 특별한 사정이 있다고 판단되는 경우에는 공개명령, 고지명령을 면제할 수 있다 할 것입니다.

그리고 이러한 특별한 사정의 판단기준은 피고인의 연령, 직업, 재범위험성 등 행위자의 특성, 해당 범행의 종류, 동기, 범행과정 결과 및 그 죄의 경중 등 범행의 특성, 공개명령 또는 고지명령으로 인하여 피고인이 입는 불이익의 정도와 예상되는 부작용, 그로 인해 달성할 수 있는 성범죄의 예방효과라 할 것인데, 피고인의 경우 피고인과 그 부모가 현재의 거주지 및 사업장 부근의 토박이로서 지역사회에서 널리 알려져 있어 공개명령, 고지명령으로 인하여 피고인과 그 가족이 입게 되는 인격적 침해는 현저한 반면, 이미 상당한 개선가능성이 예상되는 피고인에게 공개명령, 고지명령을 통하여 달성할 수 있는 성범죄예방의 필요성은 극히 적은 점 등을 고려할 때 공개명령, 고지명령을 면제할 만한 특별한 사정이 있는 경우에 해당된다 할 것입니다.

따라서 피고인에게 공개명령, 고지명령의 병과를 면제하여 주실 것을 간곡히 요청 드립니다.

7. 결론

이상의 사정을 종합하여 법이 허용하는 범위 내에서 피고인에게 최대한의 선처와 관용을 베풀어 주실 것을 간곡히 부탁드리며, 혹여나 합의서가 제출될 경우 공소기각의 판결을 하여 주실 것을 요청 드립니다.

○○○○ 년 ○○ 월 ○○ 일

위 피고인 : ○ ○ ○ (인)

창원지법 형사2단독 귀중

의　견　서

사 건 번 호 : ○○○○고단○○○○호 개인정보누설 등

피　고　인 : ○　　　○　　　○

전 화 번 호 : 010 - 5880 - 0000

중앙지법 형사5단독 귀중

의 견 서

사   건 : ○○○○고단○○○○호 개인정보누설 등
피 고 인 : ○ ○ ○
전화번호 : 010 - 5880 - 0000

이 의견서는 피고인의 진술권 보장과 공판절차의 원활한 진행을 위하여 제
출하도록 하는 것입니다.

피고인은 다음의 사항을 기재하여 이 양식을 송부 받은 날로부터 7일 이내
에 법원에 제출하시기 바랍니다.

진술을 거부하는 경우에는 진술을 거부한다는 내용을 기재하여 제출할 수
있습니다.

이 의견서는 피고인에 대한 양형자료로 사용될 수 있으니 영향에 참작할
유리한 내용이 있는 경우 빠짐없이 기재해 주시기 바랍니다.

1. 공소사실에 대한 의견

가, 공소사실의 인정여부

① 공소사실을 모두 인정함( )
② 세부적으로 약간 다른 부분은 있지만 전체적으로 잘못을 인정함(○)
③ 여러 개의 공소사실 중 일부만 인정함(   )
④ 공소사실을 인정할 수 없음(   )
⑤ 진술을 거부함(   )

나, 공소사실을 인정하지 않거나(1의 가,③,④ 중 어느 하나를 선택한 경우), 사실과 다른 부분이 있다고 하는 경우(1의 가,②를 선택한 경우) 그 이유 구체적으로 밝혀 주시기 바랍니다.

공소사실에 의하면 피고인이 마치 개인정보를 유출한 것으로 기재되어 있으나 피고인은 인터넷상의 어느 사이트에 게재되어 있는 자량등록원부를 다운로드 받아 피고인의 컴퓨터 하드디스크에 저장만 하였고 이를 위조하거나 변조하지 않았습니다.

2. 절차진행에 대한 의견

가, 이 사건 이외의 현재 재판진행 중이거나 수사 중인 다른 사건이 있다면, 해당 수사기관이나 법원과 그 사건명, 당사자 명을 기재하여 주시기 바랍니다.

없습니다.

나, 이 사건 재판을 진행하기 전에 법원에 이야기하고 싶은 특별한 사정이 있습니까?

없습니다.

다, 이 사건 재판의 절차 진행에 있어, 법원에서 참작해 주기를 바라는 사항이 있으면, 구체적으로 밝혀 주시기 바랍니다.

피고인은 ○○○○에 게재되어 있는 ○○구청발행의 자동차등록증을 아무런 생각 없이 다운로드 받은 후 피고인의 PC에 저장한 사실은 있어도 이를 위조하거나 사용한 사실이 전혀 없으며 피고인으로서는 위조된 것이라는 것을 전혀 모르고 다운로드만 받아 컴퓨터에 저장한 사실은 있습니다.

앞으로는 절대 이러한 일이 없도록 하겠습니다.
정말 죄송하고 잘 몰랐습니다.

컴퓨터에 저장만 하고 타에 누설하지 않았습니다.
절대 이러한 일이 없도록 항상 조심하겠습니다.

3. 성행 및 환경에 관한 의견

가, 가족관계

① 가족사항(사실상의 부부나 자녀도 기재하며, 중한 질병 또는 장애가 있는 등 특별한 사정은 비고란에 기재)

관계	성 명	나이	학력	직업	동거여부	비 고
본인	○○○	26		취업준비	○	
부	○○○	53		회사원	○	
모	○○○	55		주부	○	

② 주거사항

자가 소유(시가 : 배우자명의   원 정도)
전세(보증금 :   원)
월세(보증금 :   원, 월세 :   원)
기타(무상거주 : 소유자 누나 ○○○)

③ 가족의 수입

아버지 월 1,500,000원 정도 됩니다.

나, 피고인의 학력·직업 및 경력

① 피고인의 학력

고졸

② 과거의 직업, 경력

취업준비생

③ 현재의 직업 및 월수입, 생계유지 방법

피고인은 취업을 준비 중에 있으며 아버지께서 벌어오는 월 1,500,000 원의 수입으로 전 가족이 생활하고 있는 실정입니다.

④ 향후 취직을 하거나 직업을 바꿀 계획 유무 및 그 내용 자격증 등 소지 여부

취업을 준비하고 있습니다.

취득한 자격증은 없으나 차량정비기사자격을 취득하고 싶습니다.

다, 성장과정 및 생활환경(부모나 형제와의 관계, 본인의 결혼생활, 학교 생활, 교우관계, 성장환경, 취미, 특기, 과거의 선행 등을 기재)

피고인은 독자로 1990년 서울시 서초구 원지동에서 출생하여 택배 사무실에서 택배 업무를 보시는 아버지 그리고 어머니께서는 하나밖에 없는 아들인 피고인을 위해 허드렛일을 마다하지 않으시고 늘 노심초사하시는 부모님과 함께 누나 집에서 거주하고 있으나 어려서부터 저는 자동차정비기사의 꿈을 가지고 열심히 공부하려 있고 고아원이나 사화봉사단체에 찾아가 봉사를 하는가하면 길을 지나가다가도 연로하신 어르신을 보면 끝까지 도와드리고 싶은 성격으로 학창시설엔 친구들과도 잘 어울리는 생활을 해왔습니다.

라, 피고인 자신이 생각하는 자기의 성격과 장단점

피고인은 약간의 내성적인 성격으로 참을성이 부족 된다고 봅니다. 하는 일에 집중력이 부족함을 깨우치고 저의 단점을 최대한 고치려고 노력을 하고 있습니다.

4. 정상에 관한 의견(공소사실을 인정하지 않는 경우 기재하지 않아도 됨)

가, 범행을 한 이유

저는 자동차에 대한 많은 관심을 가지고 자동차관련 사이트를 자주 방문하여 그곳에 올라온 자동차를 많이 검색하는 편입니다.

사건 당일 피고인은 아무런 뜻도 없이 보배드림이라는 중고자동차 판매 사이트를 방문했는데 여기에 게재된 자동차등록증을 호기심에 다운로드를 받아 후일 필요할 수도 있겠다는 생각으로 컴퓨터에 저장한 것뿐인데 이것이 이렇게까지 큰 문제가 되고 재판까지 받아야 하는 범죄인 줄은 꿈에서도 몰랐습니다.

호기심에 다운로드 받은 것이 전부이고 컴퓨터에 저장하였고 다른 어느 누구에게 유통하지 않았습니다.
정말 모르고 한 것이지만 피눈물을 흘리면서 반성하고 잘못을 깊이 뉘우치고 있습니다.

앞으로는 절대 이런 일 없도록 하겠습니다.
한번만 용서해 주시고 저 좀 살려주세요.

나, 피해자와의 관계

피고인은 전연 모르는 사람입니다.

피해자의 개인정보가 유출하지도 않았지만 저로 인하여 피해를 입으신 피해자께 진심으로 사죄드리고 싶습니다.

다, 합의여부(미합의인 경우 합의 전만, 합의를 위한 노력 및 진행상황)

피고인이 피해자의 개인정보를 누설하지 않았지만 피해자께 용서를 빌고 싶습니다.

다만, 피고인의 행동으로 인하여 피해를 입은 사실이 있거나 피고인이 변상해야할 것이라면 언제든지 그 피해를 변제하고 합의할 용의가 있습니다.

라, 범행 후 피고인의 생활

피고인은 현재 열심히 취업준비를 하고 있습니다.
틈틈이 자동차정비기사의 공부도 열심히 병행하고 있습니다.

마, 현재 질병이나 신체장애 여부

없습니다.

바, 억울하다고 생각되는 사정이나 애로사항

인간이면 누구나 실수도 할 수 있습니다.
그렇다고 해서 피고인의 행동이 잘했다는 것은 아닙니다.

한참 취업준비도 해야 하고 결혼도 해야 하고 보모님도 모셔야 하는 구만리 같은 젊은 나이에 이번과 같은 죄를 범하고 부모님께 부끄럽고 죽을 죄를 졌습니다,

아무런 뜻도 없이 우연히 사이트에 게재한 자동차등록증을 다운로드 컴퓨터에 무심코 저장한 것 이외에는 전송하거나 타에 사용하지 않아 다행이라고 생각합니다.

이러한 저의 잘못을 꾸짖고 처벌만이 능사는 아니라고 생각합니다.

피고인에게 다시 태어날 수 있는 기회를 주시면 재판장님의 뜻을 되새기고 다시는 이런 일 없게 하겠습니다.

젊은 저에게 선처를 호소합니다.
한번 만 용서해 주시면 정말 이런 일 없도록 하겠습니다.

사, 그 외의 형을 정함에 있어서 고려할 사항

피고인의 가정형편은 정말 어렵습니다.

아버지께서 벌어오는 월 1,500,000원의 봉급으로는 우리식구들의 생활비에도 턱없이 부족한 생활을 하는 처지에서 이런 일까지 저질렀다는 자체가 한심해서 정말 얼굴을 들지 못할 지경입니다.

피고인이 모르고 한 짓이고 호기심으로 다운로드 받아 컴퓨터에 저장만 하여 피해가 없고 경미하다는 점 감안하시어 관용을 베풀어 주시기 바랍니다.

이러한 여러 가지의 사정을 헤아려 주시고 한번 만 선처해 주시길 간절히 호소합니다.

소명자료 및 첨부서류

1. 가족관계증명서   1부

○○○○ 년 ○○ 월 ○○ 일

위 피고인 : ○ ○ ○   (인)

중앙지법 형사5단독 귀중

의 견 서

사　　건 : ○○○○고단○○○○호　공무집행방해

피 고 인 : ○　　　　　○　　　　　○

전화번호 : 010 - 1234 - 0000

대구지법 형사3단독 귀중

의 견 서

사   건 : ○○○○고단○○○○호 공무집행방해
피 고 인 : ○ ○ ○
전화번호 : 010 - 1234 - 0000

이 의견서는 피고인의 진술권 보장과 공판절차의 원활한 진행을 위하여 제
출하도록 하는 것입니다.

피고인은 다음의 사항을 기재하여 이 양식을 송부 받은 날로부터 7일 이내
에 법원에 제출하시기 바랍니다.

진술을 거부하는 경우에는 진술을 거부한다는 내용을 기재하여 제출할 수
있습니다.

이 의견서는 피고인에 대한 양형자료로 사용될 수 있으니 영향에 참작할
유리한 내용이 있는 경우 빠짐없이 기재해 주시기 바랍니다.

1. 공소사실에 대한 의견

가, 공소사실의 인정여부

① 공소사실을 모두 인정함(○)
② 세부적으로 약간 다른 부분은 있지만 전체적으로 잘못을 인정함(   )
③ 여러 개의 공소사실 중 일부만 인정함(   )
④ 공소사실을 인정할 수 없음(   )
⑤ 진술을 거부함(   )

나, 공소사실을 인정하지 않거나(1의 가,③,④ 중 어느 하나를 선택한 경우), 사실과 다른 부분이 있다고 하는 경우(1의 가,②를 선택한 경우) 그 이유 구체적으로 밝혀 주시기 바랍니다.

2. 절차진행에 대한 의견

가, 이 사건 이외의 현재 재판진행 중이거나 수사 중인 다른 사건이 있다면, 해당 수사기관이나 법원과 그 사건명, 당사자 명을 기재하여 주시기 바랍니다.

없습니다.

나, 이 사건 재판을 진행하기 전에 법원에 이야기하고 싶은 특별한 사정이 있습니까?

없습니다.

다, 이 사건 재판의 절차 진행에 있어, 법원에서 참작해 주기를 바라는 사항이 있으면, 구체적으로 밝혀 주시기 바랍니다.

피고인은 사건 당일 만취한 상태에서 기억이 잘 나지 않지만 당시 동석했던 친구로부터 사건의 경위를 전해 듣고 아는 것 이 전부입니다.

앞으로는 절대 이러한 일이 없도록 하겠습니다.

3. 성행 및 환경에 관한 의견

가, 가족관계

① 가족사항(사실상의 부부나 자녀도 기재하며, 중한 질병 또는 장애가 있는 등 특별한 사정은 비고란에 기재)

관계	성 명	나이	학력	직업	동거여부	비 고
본인	○○○	54	고졸	천공기사	○	
처	○○○	50	고졸	주부	○	뇌경색, 감암 판정
자	○○○	27	고졸	무직	○	
녀	○○○	24	대학	학생	○	

② 주거사항

자가 소유(시가 : 배우자명의 290,000,000원 정도)

전세(보증금 :   원)

월세(보증금 :   원, 월세 :   원)

기타(여인숙,   노숙 등)

③ 가족의 수입

없습니다.

나, 피고인의 학력·직업 및 경력

① 피고인의 학력

고졸

② 과거의 직업, 경력

천공기사(약 27년 정도 경력)

③ 현재의 직업 및 월수입, 생계유지 방법

피고인이 천공기사로 일하고 매월 급료로 지급받는 금 1,300,000원의 수입으로 전 가족이 생활하고 있는 실정입니다.

④ 향후 취직을 하거나 직업을 바꿀 계획 유무 및 그 내용 자격증 등 소지 여부

없습니다.

다, 성장과정 및 생활환경(부모나 형제와의 관계, 본인의 결혼생활, 학교생활, 교우관계, 성장환경, 취미, 특기 , 과거의 선행 등을 기재)

피고인은 장남으로 경상북도 상주에서 출생하여 아버지께서는 몇 년 전에 지병으로 돌아가시고 현재는 노모님은 막내 동생과 고향 상주에서 살고계시고 비교적 남부럽지 않은 결혼생활을 하던 중, 배우자가 갑자기 뇌경색으로 쓰러지는 바람에 경북대학교병원에서 대수술을 받아 치료를 받던 중 엎친 데 덮친 격으로 간암진단까지 받은 상태에서 집에서 요양가료 중에 있으며 피고인은 어릴 때부터 친구들과 잘 어울리는 성격으로 틈나는 대로 사화봉사활동도 하고 있습니다.

라, 피고인 자신이 생각하는 자기의 성격과 장단점

피고인은 약간의 내성적인 성격으로 참을성이 부족 된다고 봅니다.

4. 정상에 관한 의견(공소사실을 인정하지 않는 경우 기재하지 않아도 됨)

가, 범행을 한 이유

가까운 친구인 ○○○(현재 스텐공장을 운영하고 있습니다.)를 사건 당일 오후 10시경 허허벌판이라는 술집에서 만나 업무와 관련하여

이런 저런 의논을 하다가 술을 마시고 술자리가 끝날 무렵 친구가 허허벌판술집에서 피고인의 차량(봉고트럭입니다.)을 대리 운전할 기사를 불러달라고 부탁하자 대리기사가 허허벌판술집으로 전화가 왔는데 요금이 얼마냐고 묻자 10,000원이라고 해서 대리기사를 불렀는데 주차장으로 도착한 대리기사는 피고인이 사는 ○○롯데캐슬로 들어가면 나 올 때는 빈손으로 손님이 없다면서 못가겠다는 태도를 보여 친구가 대리기사에게 요금으로 20,000원까지 지급하였는데 시비를 붙는 바람에 그만 옆에서 그 말을 듣고 있던 피고인이 대리기사와 말다툼을 한 것뿐인데 대리기사가 이에 앙심을 품고 112신고한 것으로 알고 있습니다.

피고인은 만취상태로 전연 기억은 없습니다만, 그 이튿 날 친구에게 물어보고서야 말다툼을 하고 경찰관이 출동하고 지구대로 연행되어 조사를 받았다는 사실을 알았습니다.

그러나 친구의 말이나 피고인의 기억으로는 말다툼은 있었지만 그렇다고 해서 피고인이 대리기사나 출동한 경찰관을 폭행한 사실은 전혀 기억나지 않습니다.

나, 피해자와의 관계

대리기사로서 피고인이 친구와 술을 마셨던 허허벌판이라는 술집에서 불렀던 사람으로 피고인은 전연 모르는 사람입니다.
더 이상은 아무런 생각이 나지 않습니다.

다, 합의여부(미합의인 경우 합의 전만, 합의를 위한 노력 및 진행상황)

피고인이 폭행을 하였다거나 상대방과 말다툼을 한 것도 만취상태에서 전연 기억을 하지 못하고 있습니다.

다만, 피고인의 행동으로 인하여 피해를 입은 사실이 있거나 피고인이 변상해야할 것이라면 언제든지 그 피해를 변제하고 합의할 용의가 있습니다.

라, 범행 후 피고인의 생활

피고인은 현재 각 현장마다 다니면서 천공기사로서의 업무에 충실하고 있습니다.

마, 현재 질병이나 신체장애 여부

없습니다.

바, 억울하다고 생각되는 사정이나 애로사항

인간이면 누구나 실수도 할 수 있습니다.
그렇다고 해서 피고인의 행동이 잘했다는 것은 아닙니다.

만취한 상태에서 잠시 이성을 잃고 실수를 한 것이지만 대리기사도 피고인의 집까지 가겠다고 해서 대리를 불렀는데 주차장까지 와놓고 나올 때 빈손으로 손님이 없어서 못가겠다고 하는 바람에 순간적으로 그만 감정을 억제하지 못하고 이러한 행동을 한 것에 대하여 깊이 뉘우치고 많은 것을 반성하고 또 반성했습니다.

피고인은 그 누구보다도 피고인이 옆에 없으면 잠시라도 한발 짝도 움직이지 못하는 병든 아내를 생각해서 정말 열심히 노력하고 있습니다.

뇌경색으로 쓰러진 것도 원통한 일인데 여기에 간암진단까지 받은 아내에게 늘 미안하고 부끄러운 행동을 하여 죄송합니다.

아무것도 모르는 아내가 무슨 죄가 있습니까.

모두가 피고인이 못난 탓입니다.

불쌍한 우리 아내를 불쌍하게 여기시고 피고인에게 선처를 호소합니다.

사, 그 외의 형을 정함에 있어서 고려할 사항

피고인의 가정형편은 정말 어렵습니다.

피고인이 벌어오는 월 1,300,000원의 봉급으로는 아내의 병원비에 약값으로 딸아이의 학비에도 턱없이 부족한 생활을 하는 처지에서 이런 일까지 저질렀다는 자체가 한심해서 차마 얼굴을 들지 못할 지경입니다.

죽을죄를 졌습니다.

정말 죄송합니다.

피고인에게 한번 만 기회를 주시면 이참에 아예 술도 끊고 살날이 얼마나 남았는지 알 수는 없지만 불쌍한 아내를 위해서 앞만 바라보고 더욱더 열심히 살겠습니다.

부디 피고인에게는 다 죽어가면서도 영문도 모르고 피고인의 손길을 애타게 기다리는 우리 불쌍한 아내를 위해서라도 피고인을 선처해 주시길 간절히 호소합니다.

소명자료 및 첨부서류

1. 배우자에 대한 진단서　　　　　　　1부
1. 급여명세서 또는 갑근세내역서　　　1부

○○○○ 년 ○○ 월 ○○ 일

위 피고인 : ○ ○ ○   (인)

대구지법 형사3단독 귀중

의 견 서

사   건 : ○○○○고단○○○○호 특정범죄가중처벌등에관한
            법률위반(위험운전 치상) 등

피 고 인 : ○   ○   ○

청주지방법원 형사○단독 귀중

의 견 서

사　　　건 : ○○○○고단○○○○호 특정범죄가중처벌등에관한법률위반(위
　　　　　　　험운전 치상) 등
피 고 인 : ○　　　○　　　○

이 의견서는 피고인의 진술권 보장과 공판절차의 원활한 진행을 위하여 제출하도록 하는 것입니다. 피고인은 다음 사항을 기재하여 이 양식을 송부받은 날로부터 <u>7일 이내에</u> 법원에 제출하시기 바랍니다. 진술을 거부하는 경우에는 진술을 거부한다는 내용을 기재하여 제출할 수 있습니다.

이 의견서는 피고인에 대한 양형자료로 사용될 수 있으니 양형에 참작할 유리한 내용이 있는 경우 빠짐없이 기재해 주시기 바랍니다.

1. 공소사실에 대한 의견

가. 공소사실의 인정 여부

　(1) 공소사실을 모두 인정함(○)

　(2) 세부적으로 약간 다른 부분은 있지만 전체적으로 잘못을 인정함(　)

　(3) 여러 개의 공소사실 중 일부만 인정함(　)

　(4) 공소사실을 인정할 수 없음(　)

　(5) 진술을 거부함(　)

나. 공소사실을 인정하지 않거나{1의 가. (3), (4) 중 어느 하나를 선택한 경우}, 사실과 다른 부분이 있다고 하는 경우{1의 가. (2)를 선택한 경우}, 그 이유를 구체적으로 밝혀 주시기 바랍니다.

피고인은 이 사건 공소사실은 모두 인정하고 또한 깊이 뉘우치고 뼈저리게 반성하고 있습니다.

다만, 피고인은 사고 당일 다니는 직장에서 청주시 흥덕구 ○○로 소재의 갈매기살 고기 집에서 퇴근 후인 오구 6시 30분경 회식하는 자리에서 약 8시까지 술을 마신 상태에서 피고인은 음주운전을 피하려고 평소 자주 가던 볼링장에서 지인들과 어울려 11시 30여분까지 시간을 보대다가 이 정도의 시간이 흘렀기 때문에 운전을 해도 괜찮겠다는 착오에 의하여 이번과 같은 사고를 낸 것에 대하여 사죄의 말씀부터 드리겠습니다.

이유여하를 불문하고 술을 먹고 해서는 아니 되는 음주운전을 하고 그것도 사람까지 다치게 한데 대해서는 피해자께 죄송하고 부모님께 죄송스러워 얼굴을 들지 못할 지경입니다.

정말 있을 수 없는 죄를 지고 말았습니다.

피고인이 저지른 잘못을 재판장님께서 보실 때 마치 변명으로 비춰질 수도 있겠지만 피고인으로서는 법원에서 난생처음으로 의견서를 써내라는 연락을 받고 그 자리에 쓰러져 한참동안 정신까지 잃었습니다.

판결을 내리시는 재판장님께서 보실 때는 피고인에 대한 음주운전의 적발과 사고의 경위에 대하여 진실이 허락하지 않는 억울한 부분이 있지만 괜히 따지는 것으로 오해를 사게 되면 판결결과에 큰 영향은 미치지나 않을까 하는 입장에서 조마조마한 심정으로 조금이라도 이

해해 주셨으면 하는 마음으로 진실에 호소하겠습니다.
피고인의 범행으로 인하여 피해를 입으신 피해자께 진심으로 사죄의 말씀도 드렸습니다.

입이 열 개라도 제가 한 음주운전에 대해서 할 말은 없습니다.

당시 피고인으로서는 발뺌을 하거나 빠져나가려고 둘러대는 거짓말은 아닙니다만, 피고인은 사고 당일 회식 장소에서 술을 마셨지만 피고인은 평소에도 술을 많이 마시는 편이 아닌 반면 최소한 음주운전은 피하려는 생각으로 지인들과 회식장소의 근처에 있는 볼링장에서 상당한 시간을 보낸 후 이정도면 별문제가 없겠다는 착오를 일으켜 그만 운전을 하다가 일어난 사고라는 사실만은 분명하게 말씀올리고 또 드리고 싶습니다.

피고인으로서는 음주운전을 한 것은 맞습니다.

그러나 저의 음주운전이 의도적으로 음주운전을 한 것으로 비춰져 정말로 안타까울 뿐입니다.

피고인이 행한 음주후의 상황으로 볼 때 엄청난 시간도 흘렀고 이정도면 피고인이 운전해도 아무런 문제가 없을 것으로 착오하여 일어난 일이지만 이 같은 일이 생기리란 전혀 생각하지 못했습니다.

아무것도 모르고 계시는 부모님을 생각하면 미안하고 죄송한 마음 때문에 지금도 눈앞을 가립니다.

택시기사로 일하시다 갑자기 뇌졸중으로 쓰러지신 아버지와 지금도 식당에 나가서서 허드렛일도 마다하지 않으시는 우리 어머님을 생각하면 모두가 하루아침에 물거품이 되고만 느낌은 나이어린 피고인이 감당하기엔 너무나 가혹하고 견딜 수 없는 고통일 수밖에 없습니다.

피고인은 이번의 사고로 인하여 다니는 직장도 언제 어떻게 그만 둬야할지 걱정이 이만저만이 아닙니다.

피고인이 다니는 직장은 우리 부모님께는 큰 행복이었는데 이 행복도 저의 실수로 물거품은 되지 않을까 걱정도 앞섭니다.

2. 절차진행에 대한 의견

가. 이 사건 이외에 현재 재판진행 중이거나 수사 중인 다른 사건이 있다면, 해당 수사기관이나 법원과 그 사건명, 당사자 명을 기재하여 주시기 바랍니다.

없습니다.

나. 이 사건 재판을 진행하기 전에 법원에 이야기하고 싶은 특별한 사정이 있습니까?

한순간의 착오로 인하여 돌이킬 수 없는 상황으로까지 전개되어 모든 삶을 고스란히 내려놓을지도 모른다는 생각에 한동안 실의에 빠져 있다가 제가 음주운전으로 사고를 낸 사실조차 까마득히 잊고 우리 부모님만 생각하고 정말 열심히 일만했습니다.

피고인에 대한 절박한 사정도 사정이지만 저의 실수로 고통을 받아야 할 부모님을 생각하면 그 걱정 때문에 밤잠을 이루지 못하고 재판장님 앞에서 재판받을 날자가 하루하루 앞으로 다가온다고 생각하면 다리가 후들후들 떨리고 눈앞이 캄캄하고 아무것도 보이지 않는 바람에 매일 직장에서도 정신을 멍하니 잃고 있습니다.

가장 걱정이 앞서는 것이 있다면 제가 직장에서 쫓겨나게 되면 우리 부모님은 누가 부양할지 인생낙오자가 되는 꿈을 꾸고 하물며 악몽까지 꿀 정도로 고통에 시달리고 있습니다.

재판장님께서 제가 인생낙오자가 되지 않게 한번만 도와주시면 감사하겠습니다.

이제 이런 악몽에서도 벗어나게 도와주시면 고맙겠습니다.
제가 열악한 한 가정의 가장으로 부모님을 모시고 열심히 살 수 있도록 기회를 주시면 다시는 이런 일이 없도록 하겠습니다.

술은 아예 먹지 않기로 작정했습니다.
한순간의 실수가 저에게나 온 가족의 소망을 한꺼번에 내려놓아야하는 절박한 처지를 원망하면서 저는 아무것도 먹지 못하고 눈물로 지세우고 있습니다.

한번만 피고인을 용서해 주시면 다시는 법정에 서는 일 없도록 하겠습니다.

다 제가 잘못해서 일어난 일인데 절대 남을 탓할 일도 아니라고 생각하고 조금 일찍 일어나서 자전거를 이용하거나 버스를 타고 살아가려고 합니다.

술을 먹지 않겠다고 생각한 후 무엇보다도 마음까지 편해졌습니다.
앞으로는 절대로 법정에 서는 일 없도록 하겠습니다.

피고인에게 선처를 간곡히 호소합니다.
피고인에게 한 번만 더 기회를 주시면 정말 이런 일 생기지 않도록 하겠습니다.

다. 이 사건 재판의 절차 진행에 있어, 법원에서 참작해 주기를 바라는 사항이 있으면, 구체적으로 밝혀 주시기 바랍니다.

본건 공소사실에 대하여 검찰제출의 증거사용에 동의하겠습니다.

모두 인정하겠습니다.

3. 성행 및 환경에 관한 의견

가. 가족관계

(1) 가족사항 (사실상의 부부나 자녀도 기재하며 중한 질병 또는 장애가 있는 등 특별한 사정은 비고란에 기재)

관계	성 명	나이	학력	직업	동거여부	비 고
본인	○○○	27	전문대	사원	○	
부	○○○	58	고졸	택시기사	○	뇌졸중
모	○○○	57	고졸	미화원	○	불편함
누나	○○○	29	대졸	취업준비	○	

(2) 주거사항

자가 소유(시가 :   정도)

전세(보증금 : 8,000만원, 대출금 3,000만원)

월세(보증금 :   원)

기타(무상거주 :   )

(3) 가족의 수입

현재는 아버지께서 뇌졸중으로 쓰러지신 후 피고인과 어머님께서 미화원으로 일하고 벌어오는 수입을 합하여 월평균 220만원으로 생활하고 있습니다.

나. 피고인의 학력 · 직업 및 경력

(1) 피고인의 학력

피고인은 ○○○○. ○○. ○○초등학교를 졸업했습니다.
피고인은 ○○○○. ○○. ○○중학교를 졸업했습니다.
피고인은 ○○○○. ○○. ○○고등학교를 졸업했습니다.
피고인은 ○○○○. ○○. ○○대학 자동차학과를 졸업하였습니다.

(2) 과거의 직업, 경력

피고인은 현재의 작장에서 열심히 일하고 있습니다.

(3) 현재의 직업 및 월수입, 생계유지 방법

피고인과 어머님께서 아파트 미화원으로 일하시고 얻는 월 220만원 정도의 수입으로 아버님의 병원비와 대출의 이자를 지급하면서 정말 어렵게 생활하고 있습니다.

(4) 향후 취직을 하거나 직업을 바꿀 계획 유무 및 그 내용, 자격증 등 소지 여부

피고인으로서는 자동차 과를 졸업해 현재의 직장에서 설비예방보전을 담당하는 관계로 틈틈이 이 분야에 매진하기 위하여 열심히 공부하여 설비분야의 자격증을 취득하려고 목표를 세우고 열심히 노력하고 있습니다.

다. 성장과정 및 생활환경 (부모나 형제와의 관계, 본인의 결혼생활, 학교생활, 교우관계, 성장환경, 취미, 특기, 과거의 선행 등을 기재)

피고인의 성격은 차분하면서도 활발하며 항상 남에게 베풀고 싶은 성격을 가지고 있습니다.

힘든 분들을 위해 봉사한다는 생각으로 매사 적극적으로 추진해내려는 성격도 지니고 있습니다.

특히 주변 분들과 운동을 하는 등 건강은 양호하고 학교생활에서도 친구들과 정말 사이좋게 지내는 친구들이 주변에 많고 지금도 우리 친구들을 자주 만나고 있습니다.

피고인은 틈틈이 봉사활동을 해오고 있고 작은 금액이지만 성의껏 소외계층을 위해 꾸준히 기부도 하려고 노력하고 있습니다.

라. 피고인 자신이 생각하는 자기의 성격과 장·단점

피고인은 차분한 성격을 지니고 매사에 적극적인 의지를 가지고 있습니다.

4. 정상에 관한 의견(공소사실을 인정하지 않는 경우 기재하지 않아도 됨)

가. 범행을 한 이유

피고인은 사고 당일 직장동료들과 회식 겸 저녁식사를 하는 자리에서 술을 마신 후 회식이 끝날 무렵인 8시경부터 술이 깬 후에 운전할 요량으로 지인들과 근처 볼링장으로 자리를 옮겨 볼링장에서 장장 3시간 반 동안을 보냈기 때문에 이제 운전해도 별문제가 없을 것으로 생각하고 운전을 하다가 그만 이번과 같은 사고가 발생하였습니다.

피고인의 착오에 의한 운전으로 이번과 같은 사고가 발생한 것으로 피고인은 이유여하를 막론하고 자복하며 반성하고 있습니다.

이런 일이 생기고 보니 부모님과 누나 보기가 얼마나 미안한지 얼굴을 제대로 바라보지 못할 행동을 하고 말았습니다.

피고인은 뼈저리게 뉘우치고 반성하고 또 반성하고 있습니다.

나. 피해자와의 관계

모르는 분이십니다.

다. 합의 여부 (미합의인 경우 합의 전망, 합의를 위한 노력 및 진행상황)

피고인으로서는 이 사건 사고발생이후 보험회사로 사고 적부한 후 모든 피해사항을 보험회사로부터 피해복구를 조치하였습니다.
피고인으로서도 피해자에게 피해회복을 위하여 보험회사에게 요청을 하는 등 최선을 다했습니다.

정중하게 사과의 말씀도 드렸습니다.
피고인으로서는 재판장님께서 조금만 시간을 주시면 피해자와의 합의를 반드시 성사시키겠습니다.

백 번 천 번 사죄의 말씀은 드렸으나 경미한 사고였고 보험회사에서 모든 손해를 보상한 것으로 생각했기 때문에 피해자와 합의를 해야 할 생각은 하지 못하고 있다가 법원에서 보내온 의견서 내용에 합의에 관한 내용의 질문사항을 보고 새삼 느꼈습니다.

정말 죄송합니다.

라. 범행 후 피고인의 생활

피고인은 이 사건 범행의 잘못을 뉘우치고 위 범행을 자복하며, 우리 가족의 생계유지를 위해 열심히 직장생활에 최선을 다하고 있습니다.

혹시나 부모님께서 피고인에 대한 일을 아시고 쓰러지시면 어떻게 하나 하는 걱정이 앞서 늘 노심초사하고 있습니다.

저에 대한 잘못으로 숨소리도 부모님 앞에서는 죽이고 지내고 있습니다.

눈치만 보고 더 열심히 하고 있습니다.

마. 현재 질병이나 신체장애 여부

건강은 양호한 편입니다.

바. 억울하다고 생각되는 사정이나 애로사항

피고인은 잘못을 깊이 뉘우치고 반성하고 있는 점 들을 두루 살피시어 선처를 간곡히 호소합니다.

피고인이 음주후의 상당한 시간을 보내고 가급적이면 음주운전을 피하려고 노력을 했었는데 그만 이제는 괜찮겠다는 잘못된 착오에 사고로서 피고인은 많은 것을 깊이 뉘우치고 잘못을 반성하고 있습니다. 피고인은 이번의 사고에 대한 후유증도 크고 정신적으로도 많은 고통을 겪어야 하는 상황에서 존경하는 재판장님의 판결에 따라 피고인에게는 목숨이 달려있고 부모님도 편히 모실 수 있습니다.

법 이전에 한 인간을 불쌍히 여기고 자비로우신 우리 재판장님의 판결이 피고인으로 하여금 다시금 기회를 주시고 피고인의 장래를 위하

여 늘 학수고대하시고 계시며 아파트 단지에서 미화원으로 허드렛일
도 마다하지 않고 뒷바라지를 해주시는 우리 어머니께 격려와 위안이
될 것이라고 믿어 의심치 않습니다.

저는 재판장님의 소중한 뜻이 무엇인지를 되새기고 다시는 이런 일이
생기지 않도록 하겠습니다.

또한 피해자에게는 보험회사에서 부족함이 없도록 피해회복에 만전을
기하고 있는 것을 감안하시어 피고인에게 무거운 족쇄로 단죄할 것이
아니라 착오에 의하여 한 순간의 실수를 행한 피고인에게 다시 한 번
의 기회를 주신다는 의미에서 이번에 한하여 다니는 직장에서도 아무
런 탈이 생기지 않는 범위 내에서 선처를 허락하여 주실 것을 아울러
간곡히 호소합니다.

사. 그 외형을 정함에 있어서 고려할 사항

다시 한 번 피고인에 대한 선처를 호소합니다.

5. 양형을 위하여 조사해 주기를 바라는 사항

가. 피고인의 부모, 형제, 친척, 친구 등 양형조사를 해주기 바라는 사람
   의 이름과 연락처를 구체적으로 기재

없습니다.

나. 피고인의 양형을 위하여 유리한 문서, 서류 기타 관련 증거 등에 관하
   여 구체적으로(소재지 등) 기재

없습니다.

6. 법원조사관의 면담을 원하는지 여부

법원조사관을 면담하여 양형에 관한 사실 및 의견에 관하여 도움을 받고
싶은가요?

(1) 원한다(   )
(2) 원하지 않는다(○)
(3) 기타(   )

소명자료 및 첨부서류

1. 가족관계증명서   1부

○○○○ 년 ○○ 월 ○○ 일

위 피고인 : ○   ○   ○   (인)

청주지방법원 형사○단독 귀중

의 견 서

사　　　건 : ○○○○고단○○○○호　　성매매알선 등
　　　　　　　　○○○○형제○○○○호　　성매매알선 등

피 고 인1 : ○　　　　○　　　　○

대구지방법원 형사○○단독 귀중

의 견 서

사   건 : ○○○○고단○○○○호 성매매알선 등
             ○○○○형제○○○○호 성매매알선 등
피 고 인1 : ○ ○ ○

이 의견서는 피고인의 진술권 보장과 공판절차의 원활한 진행을 위하여 제
출하도록 하는 것입니다. 피고인은 다음 사항을 기재하여 이 양식을 송부
받은 날로부터 <u>7일 이내에</u> 법원에 제출하시기 바랍니다. 진술을 거부하는
경우에는 진술을 거부한다는 내용을 기재하여 제출할 수 있습니다.

이 의견서는 피고인에 대한 양형자료로 사용될 수 있으니 양형에 참작할
유리한 내용이 있는 경우 빠짐없이 기재해 주시기 바랍니다.

1. 공소사실에 대한 의견

     가. 공소사실의 인정 여부

         (1) 공소사실을 모두 인정함(○)

         (2) 세부적으로 약간 다른 부분은 있지만 전체적으로 잘못을 인정함( )

         (3) 여러 개의 공소사실 중 일부만 인정함( )

         (4) 공소사실을 인정할 수 없음( )

         (5) 진술을 거부함( )

     나. 공소사실을 인정하지 않거나{1의 가. (3), (4) 중 어느 하나를 선택한
        경우}, 사실과 다른 부분이 있다고 하는 경우{1의 가. (2)를 선택한 경
        우}, 그 이유를 구체적으로 밝혀 주시기 바랍니다.

피고인1은 이 사건 공소사실은 모두 인정하고 또한 깊이 뉘우치고 반성하고 있습니다.

다만, 피고인1은 고등학교를 졸업하고 가정형편이 어려워서 상급학교에 진학하지 못하고 아르바이트를 비롯해 경상북도 구미시에 있는 공장에서 3년 이상 근무하던 중 마트에서 상품을 진열하는 일을 하시는 어머니를 떠나 혼자 독립하겠다는 생각으로 집을 나와 지내면서 많은 돈을 벌어야 하는 가정형편 때문에 죄가 되는 줄도 모르고 이미 길이 아닌 길을 들어섰고 이제는 되돌아 볼 수 없는 상황에서 ○○○○. ○○. ○○. 오전 10:20분에 재판장님 앞에서 첫 재판을 앞두고 있습니다.

비록 피고인은 나이는 어리지만 인간 같지 않은 행동을 하고 말았습니다.

정말 죄송하고 죽을죄를 졌습니다.

그렇다고 해서 남을 탓하고 제가 저지른 범행을 발뺌하고 빠져나가려고 둘러대는 거짓말은 아닙니다만, 피고인1의 가정형편으로는 많은 사람들로부터 채무도 부담하고 있었기에 아무것도 모르고 이런 일을 해도 괜찮을 것으로 알고 혹시나 하는 생각으로 이런 일에 빠져들고 말았습니다.

불쌍하신 우리 어머니가 늦은 시간까지 마트에서 무거운 짐을 나르고 정리하는 모습을 보고 가슴이 아팠습니다.
나이는 어리지만 피고인은 무슨 일이 있어도 어머니 한분 편히 모시지 않겠나하고 너무 경솔한 생각을 하고 돈을 많아 벌어야 한다며 이런 일에 빠져들게 되어 후회하고 피눈물을 흘리며 부모님께 죄송한 마음으로 잘못을 전부 자복하고 깊이 뉘우치며 참회하고 있습니다.
피고인으로서는 하는 일마다 실패를 하고 손해만 거듭되어 죽지 않으려고 하다가 이렇게 잘못되고 만 것이지 결코 의도적으로 이런 일을 한 것은 절대 아닙니다.

2. 절차진행에 대한 의견

가. 이 사건 이외에 현재 재판진행 중이거나 수사 중인 다른 사건이 있다면, 해당 수사기관이나 법원과 그 사건명, 당사자 명을 기재하여 주시기 바랍니다.

피고인1은 이 사건 이전인 경상북도 김천경찰서에서 조사계류 중인 사건이 먼저 발생되어 현재의 이 사건도 비슷한 시기에 조사를 받았는데 어찌된 영문인지 몰라도 먼저 수사를 진행하였던 경상북도 김천경찰서의 사건은 아직도 수사 중에 있고 이 사건과 병합되지 않고 먼저 이 사건이 기소되어 재판을 앞두고 있으므로 존경하옵는 우리 재판장님께서 이 사건과 김천경찰서에서 수사 중인 사건을 한곳으로 합쳐서 재판을 받을 수 있도록 도와 주셨으면 감사하겠습니다.

나. 이 사건 재판을 진행하기 전에 법원에 이야기하고 싶은 특별한 사정이 있습니까?

피고인1은 아무것도 모르고 죄가 안 되는 줄만 알고 한 짓이지만 그것도 죽도록 마트에서 무거운 짐을 나르시는 어머니를 위하여 돈을 많이 벌어서 우리 어머니께 도움이 되려고 했던 것이 이렇게 되는 바람에 아무 생각도 안 납니다.

다리도 후들후들 떨리고 눈앞이 캄캄하고 아무것도 한 동안 보이지 않았습니다. 피고인1에게 가장 걱정이 앞서는 것이 있다면 부모님의 생계가 걱정입니다.

만일 제가 잘못 되기라도 하면 우리 어머님은 누가 부양하고 생계를 꾸려갈지 걱정이 앞서 재판을 앞두고 밤에 잠도 제대로 못자고 있습니다.

죽을죄를 졌습니다.
저의 범행을 빠져나가려는 속셈으로 어머님을 볼모로 잡고 핑계되는 것은 아니지만 어머님을 부양하고 고생을 벗어나게 하려는 생각으로 이런 일을 저지르고 말았습니다.

피고인의 매우 열악한 형편을 살피시어 선처를 호소합니다. 한 번만 용서해 주시면 다시는 이런 일로 법정에 서는 일 없도록 하겠습니다.

피고인1 보다는 우리 불쌍한 어머님을 살피시어 한번 만 너그럽게 용서해 주시기 바랍니다.

다. 이 사건 재판의 절차 진행에 있어, 법원에서 참작해 주기를 바라는 사항이 있으면, 구체적으로 밝혀 주시기 바랍니다.

본건 공소사실에 대하여 검찰제출의 증거사용에 모두 동의하겠습니다. 모두 인정하겠습니다.

3. 성행 및 환경에 관한 의견

가. 가족관계

(1) 가족사항 (사실상의 부부나 자녀도 기재하며 중한 질병 또는 장애가 있는 등 특별한 사정은 비고란에 기재)

관계	성 명	나이	학력	직업	동거여부	비 고
본인	○○○	26	고졸	취업준비	○	
부	○○○	55	중졸	회사원	○	
모	○○○	47	고졸	종업원	○	
제	○○○	25	대졸		○	

(2) 주거사항

자가 소유(시가 :   원)

전세(보증금 :   원)

월세(보증금 : 없습니다. 월 400,000원)

기타(무상거주 :   )

(3) 가족의 수입

현재는 어머니가 마트에서 진열하는 일을 하시고 벌어 오시는 120만 원과, 아버지께서 재단사로 일을 하고 계시지만 알코올중독으로 일을 꾸준히 하지 못하셔서 매월 얻는 수입이 100만 원 정도를 가지고 온가족이 생활하고 부채에 대한 이자로 월 70여만 원이 지출되면 1달에 약 170여만 원 가지고 어렵게 생활하고 있습니다.

나. 피고인의 학력·직업 및 경력

(1) 피고인의 학력

○ 피고인1은 대구시 ○○구 ○○로 ○○에 있는 ○○초등학교를 ○○
  ○○. ○. 졸업하였습니다.
○ 피고인1은 대구시 ○○구 ○○로 ○○ 소재 ○○중학교를 ○○○
  ○. ○. 졸업했습니다.
○ 피고인1은 대구시 ○○구 ○○로 ○○에 있는 대구○○고등학교를
  졸업했습니다.

(2) 과거의 직업, 경력

피고인1은 고등학교졸업 하기 전부터 배달 일을 하는 가하면 수도
없는 아르바이트와 경상북도 구미공단에 있는 주물공장에서 3년
간 일을 한 경력을 가지고 있습니다.

(3) 현재의 직업 및 월수입, 생계유지 방법

현재는 피고인1으로서는 아르바이트를 하면서 일당으로 1일 9만원
을 지급받고 있고 피고인1의 아버지께서 재단사로 일하고 얻는 수
입 100만 원과 어머니께서 벌어 오시는 약 120만 원으로 우리 가
족의 생계를 꾸려가고 부채의 이자 등으로 70여만을 지출하고 우
리가 살고 있는 집의 월세 40만원을 내면 월 120만원으로 생계를
유지하고 있습니다.

(4) 향후 취직을 하거나 직업을 바꿀 계획 유무 및 그 내용, 자격증 등
  소지 여부

피고인1으로서는 현재 도배사의 일을 따라다니면서 보조하고 아르
바이트를 하고 있습니다.

이제 막 도배사라는 일을 알게 되었지만 열심히 배우며 도배일도

익히고 있기 때문에 머지않아 도배사기능사자격증을 꼭 취득하여 부모님을 편히 모셨으면 하는 꿈을 가지고 있습니다.

다시 한 번 말씀 올립니다만 나이어린 피고인1이 지금 생각하면 경솔한 짓에 목숨을 걸었던 것을 후회하고 뼈저리고 잘 못을 뉘우치고 반성하고 있습니다.

다. 성장과정 및 생활환경 (부모나 형제와의 관계, 본인의 결혼생활, 학교생활, 교우관계, 성장환경, 취미, 특기, 과거의 선행 등을 기재)

피고인은 성격이 활발하며 항상 남에게 베풀고 산다는 생각으로 매사 적극적으로 추진해내려는 성격을 지니고 있습니다.
특히 주말마다 나가 주변 분들과 운동을 하는 등 건강은 양호하고 학교생활에서는 친구들과 정말 사이좋게 우정도 돈독했던 친구들이 많습니다.

지금도 우리 친구들을 자주 만나고 있습니다.

이번과 같은 범행을 저질러 뼈저리게 뉘우치고 이런 일을 만든 저 자신은 깊이 후회하고 반성하고 있습니다.
피고인1은 자주는 하지 못하지만 소외계층으로 찾아가 봉사활동하고 있습니다.

라. 피고인 자신이 생각하는 자기의 성격과 장·단점

피고인은 차분한 성격을 지니고 매사에 적극적으로 해결하려는 의지를 지니고 있습니다.

4. 정상에 관한 의견(공소사실을 인정하지 않는 경우 기재하지 않아도 됨)

　가. 범행을 한 이유

　　가정형편이 어렵다 보니 어린 나이에 돈을 벌어 고생고생하시는 우리 어머님 좀 편히 모셔야겠다는 생각으로 그만 해서는 안 되는 일을 하고 말았습니다.

　　죄가 안 되는 줄 알고 그만 경솔한 생각이 저를 이렇게 저를 망가뜨리고 말았습니다.

　　지금 이 시간에도 잘못을 깊이 뉘우치고 참회의 눈물을 흘리면 다시는 이러한 범행을 하지 않겠다고 감히 말씀 드릴 수 있습니다.

　　저 피고인1에게 아직 김천경찰서에서 수사 중에 있는 사건과 이 사건과 같이 재판을 받을 있게 허가해 주시기 바랍니다.

　　피고인1은 뼈저리게 뉘우치고 반성하고 또 반성하고 있습니다.

　나. 피해자와의 관계

　　없습니다.

　다. 합의 여부 (미합의인 경우 합의 전망, 합의를 위한 노력 및 진행상황)

　　없습니다.

　라. 범행 후 피고인의 생활

　　피고인1은 이 사건 범행의 잘못을 뼈저리게 뉘우치고 위 범행을 자복하며 잘못을 속죄하는 마음으로 도배사보조일을 열심히 하고 있습니다.

마. 현재 질병이나 신체장애 여부

건강은 양호한 편입니다.

바. 억울하다고 생각되는 사정이나 애로사항

피고인1은 잘못을 깊이 뉘우치고 반성하고 있는 점 들을 두루 살피시어 선처를 간곡히 호소합니다.

피고인1이 범행을 한 것은 매우 잘못된 일입니다.
그러나 이러한 범행도 다 나이가 어린 탓에 죄가 안 되는 줄 알고 여우알바라는 광고사이트를 통하여 만난 여성을 상대로 하여 이러한 일을 저지르고 순순히 조사에 응하였습니다.

여러 가지 이유랄 것은 없지만 반성하고 재범하지 않을 것임을 하늘이 두 쪽이 나도 재판장님께 꼭 약속을 지키겠습니다.

사. 그 외형을 정함에 있어서 고려할 사항

다시 한 번 피고인에 대한 선처를 호소합니다.
간곡히 선처를 호소합니다.

피고인1은 죽을죄를 졌지만 집에는 부모님께서 피고인만 의지하고 생계를 유지하시는 부모님과 가족들을 애석하게 여기시고 이번에 한하여 관대한 처벌을 호소합니다.

5. 양형을 위하여 조사해 주기를 바라는 사항

　가. 피고인의 부모, 형제, 친척, 친구 등 양형조사를 해주기 바라는 사람
　　의 이름과 연락처를 구체적으로 기재

　　없습니다.

　나. 피고인의 양형을 위하여 유리한 문서, 서류 기타 관련 증거 등에 관하
　　여 구체적으로(소재지 등) 기재

　　없습니다.

6. 법원조사관의 면담을 원하는지 여부

　법원조사관을 면담하여 양형에 관한 사실 및 의견에 관하여 도움을 받
　고 싶은가요?

　(1) 원한다(　　　)
　(2) 원하지 않는다(○)
　(3) 기타(　　　)

소명자료 및 첨부서류

　　1. 가족관계증명서　　　　　　　　　　　　　　1부

○○○○ 년 ○○ 월 ○○ 일

위 피고인 : ○ ○ ○   (인)

대구지방법원 형사○○단독 귀중

의 견 서

사　　건 :　○○○○형제○○○○호　무고 등

피고소인 :　○ ○ ○ (주민등록번호)

전주지방검찰청 귀중

의 견 서

사 건 : ○○○○형제○○○○호 무고 등
피고소인 : ○ ○ ○ (주민등록번호)
        (010 - 9876 - 0000)

위 사건에 관하여 피고소인은 다음과 같이 의견서를 제출합니다.

- 다 음 -

1. 매매계약 주장에 관련하여

(1) 고소인은 피고소인의 소유인 ○○도 ○○군 ○○읍 ○○리 ○○○번지 임야 14,348㎡ 외 14필지를 총 43억 원에 매수하는 계약을 체결하고 2005. 7. 13. 매매예약의 가등기를 하면서 계약금으로 1억 원을 송금하였고, 2005. 12. 30. 본등기를 마치고, 2009. 6. 5.까지 매매대금으로 총 4,303,100,000원을 지급하였다고 주장하고 있습니다.

   ① 부동산매매계약을 체결한 사실이 없습니다.

   ② 돈을 한 푼도 받지 않고 가등기하고 소유권이전등기를 하여 명의신탁입니다.

   ③ 명의신탁 시 가등기예약금 1억 원도 고소인이 피고소인에게 보냈다가 17분 만에 바로 가지고 갔습니다.

   ④ 가등기비용과 소유권이전등기비용 및 취득세 등록세를 포함하여 총 43,334,570원도 피고소인이 지급하였습니다.

   ⑤ 가등기로 명의신탁을 해놓은 것이고 등기비용과 세금까지도 모두 피고소인이 부담한 명의신탁입니다.

⑥ 설사 신탁부동산을 팔아서 주기로 하고 돈을 받지 않고 넘겨 준 것이 명의신탁입니다.

2. 신탁부동산 매각대금지급과 관련하여

(1) 고소인은 2009. 6. 5.부터 피고소인에게 총 3,336,00 0,000원을 지급하였다고 주장하다가 나중에는 총 4,30 3,100,000원을 지급하였다고 주장하고 있으나 피고소인이 고소인을 2013. 12. 26. ○○지방검찰청 ○○지청에 금 2,784,000,000원의 횡령 혐의로 고소를 제기하자 수사과정에서 고소인이 중간에 사람을 내세워 합의를 요청하고 금 15억 원을 지급하기로 하면서 금 13억 원은 지급하고 나머지 금 2억 원은 고소인이 가지고 있는 근저당권을 피고소인에게 넘겨주기로 하였는데 피고소인이 고소를 취하하자마자 고소인은 위 근저당권을 현재까지 피고소인에게 넘겨주지 않고 있습니다.

(2) 그래서 피고소인은 고소인으로부터 지급받아야 할 2,7 84,000,000원에서 합의하는 과정에서 고소인이 매수인이 구속되는 등 지급받지 못했다는 말에 또 속아 27억 8,400만원에서 10억 원을 공제한 15억 원을 받기로 합의한 것인데 근저당권을 넘겨주지 않아 내용증명을 발송하고 거짓말에 의하여 속아 공제하게 된 금액인 10억 원의 지급을 구하는 소송을 제기한 것입니다.

3. 고소인의 무고주장과 관련하여

(1) 고소인은 피고소인이 2013. 12. 26. ○○지방검찰청 ○○지청에 제기한 금 2,784,000,000원의 횡령으로 고소를 제기하자 합의를 요청하면서 금 15억 원을 지급하기로 하고 합의한 사건에 대하여 2억 원의 근저당권을 이행하지 않아 합의서를 무효로 하고 거짓으로 공제한 금 10억 원을 청구하는 민사소송을 제기하자 명의신탁의 목적으로 한 가등기예약을 매매계약 한 것이라면서 피고소인이 명의신탁으로 고소인을 고소한 것은 무고라고 주장하고 있습니다.

(2) 고소인은 피고소인이 있지도 않은 금 2,784,000,000원을 명의신탁의 매득금을 횡령하였다고 고소장을 작성하여 ○○지방검찰청 ○○지청에 접수하여 무고하였다고 주장하고 있으나 고소인이 스스로 수사 과정에서 사람을 내세워 합의를 요청하여 합의금 15억 원을 지급하기로 합의한 것이지 무고한 것이 아닙니다.

(3) 고소인이 스스로 사람을 내세워 피고소인에게 합의를 요청하였고 2,784,000,000원 중에서 약 10억 원은 매도자 측에서 구속되는 바람에 돈을 못 받은 부분이 있다며 깎아달라고 해서 27억 8,400만원 중에서 15억 원을 지급하기로 합의하면서 당일 날 13억 원은 지급하고 나머지 2억 원은 근저당권을 피고소인에게 넘겨주지 않았고 피고소인이 고소를 취하 하자마자 피고소인이 매매계약인데 고소인을 명의신탁이라며 고소하여 무고이고 돈을 달라고 청구하는 것이 소송사기고 합의금으로 고소인 스스로 지급한 돈은 강요에 의한 공갈 협박으로 주장하는 것은 역무고 혐의가 있습니다.

피고소인은 없는 돈을 달라고 청구한 사실도 없고 명의신탁에 의하여 매각대금을 지급하지 않고 그 돈 가지고 고리대금업을 하고 있어 금 2,784,000,000원을 횡령하여 고소하자 사람을 내세워 합의를 하면서 15억 원 중, 13억 원을 스스로 지급하고 고소취하를 조건으로 내걸었던 것이지 피고소인은 고소인을 고소한 것 외에는 고소인에게 찾아간 적도 없고 사람을 내세워 돈을 달라고 요구한 사실도 없는데 명의신탁을 원인으로 하여 고소취하를 하면서 합의금으로 응당 받을 돈을 받은 것뿐입니다.

피고소인으로서는 응당 명의신탁으로 인한 매각대금을 합의금으로 받아야 할 돈을 받은 것뿐입니다.

피고소인은 이 사건 명의신탁의 부동산을 2002. 9. 9.과 20 03. 4. 16.에 전 소유자 ○○○과 ○○○으로부터 총 15필지 총 568,340㎡를 총 3,069,450,000원에 매수한 것으로 등재되어 있으나 실제 등기비용 및 부동산 중개수수료 등 세금을 포함하여 4,300,000,000원이나 됩니다.

그래서 피고소인은 고소인에게 명의신탁을 목적으로 가등기예약금을 43억 원으로 하였고 가등기예약금 1억 원도 고소인에게 보냈다가 도로 고소인이 17분 만에 가지고 간 것이고 가등기비용과 본등기비용을 비롯하여 관련세금까지 총 43,334,570원도 피고소인이 모두 지급하였고 고소인은 단 한 푼도 돈을 내지도 않았고 지급한 사실이 없으므로 명의신탁입니다.

또한 피고소인이 명의신탁 부동산을 취득한 원가가 43억 원인데 고소인에게 43억 원에 매매할 이유도 없고 그것도 한 푼도 받지 않고 가등기예약금 1억 원도 피고소인에게 고소인이 보내줬다가 바로 17분 만에 다시 가지고 갈 이유가 없었고, 등기비용까지 피고소인이 고스란히 납부하고 가등기와 본등기를 해줄 이유가 없었고 나중에 팔아서 주기로 하였다고 하더라도 돈을 한 푼도 받지 않고 등기를 넘겨준 것이 명의신탁입니다.

명의신탁이기 때문에 등기비용을 피고소인이 부담하면서까지 고소인에게 가등기해주고 소유권이전등기를 해준 것입니다.

4. 강요행위 및 공갈주장과 관련하여

(1) 고소인은 피고소인이 한 고소사건을 합의를 하지 않으면 곧 구속될 것이다. 13억 원을 지급하고 근저당권채권 2억 원을 양도한다는 내용의 합의서를 작성케 하여 의무 없는 일을 강요하였고 피고소인의 대리인인 ○○○을 통하여 현금 13억 원과 금 2억 원의 근저당권을 서류를 교부받아 총 15억 원의 재물을 갈취하였다고 주장하고 있습니다.

(2) 피고소인은 고소인을 찾아간 사실도 없고 고소인에게 고소사건의 합의를 요구할 필요도 없었고 피고소인은 고소인과 합의하려고 사람을 시켜 부탁한 사실도 없고 고소인이 주장하는 ○○○이라는 사람은 피고소인이 내 세운 사람이 아니고 이 사건 이전에 고소인으로부터 소개받아 피고소인이 알았던 사람으로 고소인이 합의하기 위해 내세웠던 사람이고 합의서 또한 고소인이 작성해 온 것이며 피고소인이 작성한 것

도 아니며 합의서를 작성케 하여 의무 없는 일을 강요하지도 않았고 15억 원을 받지도 않았지만 13억 원을 합의금으로 교부받아 고소를 취하하였던 것이지 갈취한 것이 아닙니다.

(3) 합의서에는 고소인의 인감도장과 인감증명서까지 첨부되어 있고 13억 원까지 현금으로 고소인을 대리한 사람인 ○○○이 가지고 나왔고 합의에 의하여 고소를 취하하고 응당 명의신탁에 대한 매각대금을 합의에 의하여 고소인이 스스로 지급한 돈을 받은 것이지 강요에 의하여 갈취한 것이 아닙니다.

고소인은 자신을 대리인으로 내 새운 ○○○을 통하여 자신의 인감도장과 인감증명서와 합의금까지 금 1,300 ,000,000원을 건네주고 합의를 체결하고 고소를 취하시킨 후 말을 바꾸고 피고소인의 강요에 의하여 갈취 당했다고 주장하면서 피고소인을 처벌받게 할 목적으로 고소를 제기한 것이므로 고소인을 역무고 혐의로 처벌해야 합니다.

5. 소송사기 주장과 관련하여

(1) 고소인은 피고소인이 2,784,000,000원 중, 합의금으로 1,300,000,000원을 지급받고 나머지 1,480,000,000원을 받지 못하였으나 그 중 1,000,000,000원을 2014. 6. 4. ○○지방법원 ○○지원에 민사소송을 제기하였으나 2014. 1.경 합의서를 체결하면서 13억 원과 근저당권양도 2억 원을 포함하여 총 15억 원을 이행하는 조건으로 고소인에 대한 민·형사상 이의를 제기할 수 없는 것임에도 사실을 숨기고 법원을 기망하여 소송사기에 해당한다는 주장입니다.

(2) 고소인은 앞서 피고소인의 강요에 의하여 15억 원을 의무 없는 일을 강요하여 갈취 당했다고 고소를 해놓고 여기서는 합의금으로 15억 원을 지급하고 민·형사상의 이의를 제기할 수 없는데 10억 원을 청구한 것은 소송사기에 해당한다고 상호 모순되는 주장을 하고 있습니다.

그렇다면 고소인은 합의서에 의하여 15억 원 중, 13억 원은 지급하고 아직까지 합의서에 의하여 근저당권 2억 원을 양도하기로 하였으나 그 이행을 하지 않았습니다.

피고소인은 고소인에게 합의서상의 근저당권 2억 원을 양도절차를 이행하지 않았으므로 이행을 구하고 불능의 경우 2억 원을 전보 배상하라는 정당한 청구권에 대하여 사실을 숨기거나 법원을 기망한 사실이 없습니다.

6. 결론

피고소인은 고소인에게 돈을 한 푼도 받지 않고 명의신탁을 목적으로 하여 가등기와 소유권이전등기를 하면서 등기비용과 세금까지 납부하고 이전한 것인데 고소인이 가등기 시 작성하였던 예매계약을 매매계약이라고 주장하면서 피고소인이 고소인을 횡령죄로 고소한 사건에서 고소취하를 전제로 합의하면서 합의금으로 지급한 돈을 있지도 않은 돈을 강요에 의하여 지급한 것이라며 거짓말로 피고소인을 처벌받게 할 목적으로 무고 등으로 고소한 것이므로 고소인을 형법 제156조에 의하여 역 무고혐의로 처벌이 불가피합니다.

소명자료 및 첨부서류

1. 가등기예약금 1억 원 송금 및 반환내역   1통
1. 등기비용지급내역서   1통
1. 합의서   1통

○○○○ 년 ○○ 월 ○○ 일

위 피고인 : ○ ○ ○   (인)

전주지방검찰청 귀중

제4장

탄원서

1. 탄원서의 정의

탄원서는 그 성격이 진정서와는 대조적으로, 깊이 반성하고 있으니 처벌하지 말아달라는 피해자 등 당사자 또는 주위사람들이 공동으로 작성하는 것으로 탄원서를 작성하실 때 특별한 양식은 없으며 편지형식으로 적어도 된다.

탄원인이 많을 경우 탄원인 명부를 연명으로 작성하여 별도로 첨부하여도 무방하다. 탄원사유에 합의하려는 당사자의 노력, 병원 간병, 장애여부, 훈포장 수여관계, 차관급(사단장) 이상의 표창, 용감한 시민상, 청룡봉사상 등 표창장 사본, 10년간 통장으로 봉사, 복지센터를 설립하여 20년간 봉사 등 국가나 사회발전을 위해 당사자가 헌신한 경력 등을 기재하시면 참고할 수 있습니다.

탄원인은 탄원하는 사람이고 피탄인은 탄원 받아야 할 피고인(피의자, 범인, 징계대상자)이므로 탄원인이 여러 명일 경우 탄원인 인적사항과 서명 등은 각 탄원인마다 연명으로 자필 서명 날인(무인 포함)하셔도 됩니다.

2. 탄원서의 작성방법

탄원서는 판사님에게 선처를 바라는 편지이기 때문에 글재주가 없으면 없는 대로 마음속에 있는 내용을 그대로 표현하시면 됩니다.

탄원서를 법무사나 대서소에 의뢰하여 전형적이고 형식적인 내용만을 담은 탄원서를 제출하시는 분이 있는데 그런 것보다는 다소 맞춤법이 틀리고 문장 구성이 엉성해도 제출하시는 분의 정성을 담은 내용의 탄원서가 더욱 판사님의 마음을 움직일 수 있다고 봅니다.

탄　원　서

사 건 번 호 :　○○○○고단○○○○호　강제추행

피 고 인 :　○　　　○　　　○

안양지원 형사2단독 귀중

탄 원 서

1. 피고인

성 명	○ ○ ○	주민등록번호	생략
주 소	경기도 안양시 ○○구 ○○로 ○○, ○○○호		
직 업	회사원	사무실 주 소	생략
전 화	(휴대폰) 010 - 1279 - 0000		
사건번호	안양지원 ○○○○고단○○○○호 강제추행		

상기 피고인은 수원지방법원 안양지원 ○○○○고단○○○○호 강제추행 피고사건에 대하여 아래와 같은 사유로 재판장님께 탄원서를 제출하오니 부디 선처해 주시기 바랍니다.

(1) 존경하는 재판장님께 올립니다!

저는 재판장님께 재판을 앞두고 있는 위 사건의 피고인 ○○○입니다.

일단 저도 감히 상상조차 하지 못했던 일이 벌어져 너무나도 떨리고 무섭습니다.

저 자신이 너무 밉고 후회하고 있습니다.
피해자님께 입이 열 개라도 할 말이 없고 백번 사죄드려도 시원치 않을 거라고 생각합니다.
말로써는 소용없다는 것을 알지만 진심으로 사죄드립니다. 저는 이 사건 이후로 매일 새벽에 절에 나가 불경을 드리고 기도하며 저의 실수로 인하여 피해를 입으신 피해자님께 사죄드리고 용서를 빕니다.

(2) 자비로우신 우리 재판장님!

그분의 부모님과 가족에게 방법이 있다면 어떤 방법으로든지 사죄드리며 용서를 빌고 싶습니다.

저는 지금까지 남들보다 더 뛰어나지도 않고 모자라지도 않게 아주 평범하게 살아왔습니다. 성격은 약간 내성적이지만 언제나 긍정적으로 생각하고 어떻게 하는 것이 올바른 삶을 사는 것인지 고민하며 성장했습니다.

중고등학교 시절에는 공부는 다른 친구들보다 썩 잘하지는 못했지만, 왕따를 없애려고 노력하기도 하고 약하고 힘없는 친구들 편에 서려고 노력했습니다.

언제나 저는 행동하기에 앞서 제가 어떻게 하는 것이 올바르고 타인에게 도움이 되는지를 생각해서 결정하곤 했습니다. 그래서 학교생활 때는 선생님으로부터 칭찬을 받기도 하고 친구들도 저를 그런 아이라고 기억하고 있습니다.

부모님께서 가훈으로 정하신 '배려와 존중'이라는 가르침 덕분이라 생각하여 저는 부모님을 어느 누구보다도 존경하고 있습니다. 하지만, 이번 사건으로 인하여 부모님의 가르침을 배신한 것 같아 부모님과 형에게 너무나도 죄스럽고 부끄럽습니다.

죄송하고 죽을죄를 졌습니다.

(3) 존경하는 우리 재판장님!

저는 육군에 지원하여 입대하여 최전방에서 근무하였습니다.

군 생활도 힘든 부분이 있었지만 긍정적으로 열심히 생활하였으며 보통 힘들어서 기피하기 쉬운 유격훈련도 정말 열심히 받았습니다.

만기 전역 후 다시 한국호텔관광전문학교에 수시 합격하여 요리사의 길로 접어들었습니다. 하나밖에 없는 저의 형과 저는 훌륭한 요리사가 되어 힘을 합쳐 세상에 요리로 행복을 선사하자는 약속을 하였습니다.

저의 목표가 있었기에 열과 성의를 다하여 1학기 중에 요리경연대회에서 금상을 수상하였고 1학기 성적도 평균 A학점을 받는 결실을 볼 수 있었습니다.

담당 교수님의 추천으로 내년 졸업 후 중국의 제남대학교 요리 과에 유학을 가기로 되었으며, 그 후 대학원에 진학하여 경영마케팅도 공부할 계획입니다.

(4) 자비로우신 우리 재판장님!

한 순간의 방심과 실수가 저의 꿈을 산산조각 내는 것 같아 재판장님께 탄원서를 작성하는 지금 저는 눈물을 흘리면서 진심으로 뉘우치고 있습니다.

저를 가르치신 스승님, 할아버지 할머니, 부모님, 형, 친척, 친구들 모든 분들에게 너무나도 죄스럽고 부끄럽습니다.

재판장님께 모든 마음을 모아 간절히, 간절히 빕니다.

쉽지 않은 결정이겠지만 이번 한 번만 저를 용서해 주시고 선처해 주셔서, 저의 작은 꿈이 이루어 져서 많은 세상 사람들에게 행복감을 줄 수 있는 요리사가 될 수 있도록 도와주시기를 두 손 모아 빕니다.

재판장님의 은혜를 세상사람 들에게 갚을 수 있도록 선처해 주시기를 빕니다.

앞으로 어느 누구보다도 더 의롭고 올바르게 살아가겠습니다. 배려와 존중이라는 가훈을 평생 마음에 새기고 어려운 사람들을 도우면서 살겠습니다.

(5) 자비로우신 재판장님!

피해 여성분을 찾아가 직접 용서를 구하려 했으나 저를 만나지 않겠다고 하여 아버지께서 이 못난 자식을 대신하여 피해자분을 만나 사죄를 드리고 마음으로 용서를 구하셨습니다.

피해자분도 진심으로 용서한다는 말씀을 하였다는 말을 아버지로부터 전해 들었지만, 제 마음의 죄는 앞으로 평생 살면서 지워지지 않을 것입니다. 더더욱 죄를 갚는 마음으로 평생 낮은 곳을 찾으며 봉사하고 살 각오입니다.

이번 한번만, 용서해 주시고 기회를 주시면 절대 이런 일 없도록 하겠습니다.

2. 소명자료 및 첨부서류

(1) 가족관계증명서   1통
(2) 피고인에 대한 인감증명서   1통

○○○○ 년 ○○ 월 ○○ 일

위 탄원인 : ○ ○ ○   (인)

안양지원 형사2단독 귀중

탄   원   서

사 건 번 호 : ○○○○형제○○○○호 강제추행

피 의 자 : ○   ○   ○

수원지검 ○○○검사님 귀중

탄 원 서

1. 피의자

성 명	○ ○ ○	주민등록번호	생략
주 소	수원시 ○○구 ○○로 ○○,○○○-○○○호		
직 업	회사원	사무실 주 소	생략
전 화	(휴대폰) 010 - 1345 - 0000		
기타사항	○○○○형제○○○○호 강제추행		

상기 피의자는 수원지방검찰청 ○○○○형제○○○○호(수원경찰서 ○○○○형제○○○○호) 강제추행 피의사건의 피의자로서 담당 검사님께 아래와 같이 탄원하오니 피의자에게 무혐의처분을 해 주시기 바랍니다.

(1) 존경하는 검사님께 호소합니다.

먼저 존경하는 검사님께서 항상 사법적 정의구현 노력에 깊은 감사의 말씀부터 드립니다.

저는 ○○○○. ○○. ○○. ○○:○○시에 수원경찰서에서 강제추행혐의로 조사를 받고 수원지방검찰청으로 송치된 피의사건에 대하여 감히 고명하신 검사님께 사건의 경위를 말씀드리고 무혐의처분을 해달라고 호소하게 되어 정말 죄송하게 생각합니다.

제가 검사님께 탄원서를 작성해 무혐의처분을 해달라고 호소하게 된 것은 누구로부터 부탁을 받거나 타의적으로 작성한 것이 절대 아니며 이 탄원서는 사실 그대로 숨김과 보탬이 없는 전적으로 저의 내면에서 우러나오는 자발성에서 이뤄진 것임을 아울러 말씀드리겠습니다.

(2) 존경하는 우리 검사님!

피의자는 회사에서 업무관계로 늦게까지 업무를 마치고 직장동료들과 너무 늦은 시간대라 포장마차에 들러 우동을 한 그릇씩 먹고 제가 거주하고 있는 회사 근처 오피스텔로 가기위해 골목길을 지나고 있던 중 마주오던 여성을 멀리서 확인하고 우측으로 붙어 가던 길을 걸어가고 있었습니다.

하지만 아무렇지 않게 지나친 여성이 갑자기 뒤돌아서서 저의 멱살을 잡으며 자신의 엉덩이를 추행하였냐며 소리를 질렀고 인근 것을 안에 있던 사람들이 나와 저를 붙잡고 112로 신고를 하여 저는 꼼짝 없이 경찰서 지구대로 끌려갔습니다.

지구대로 끌려간 저는 밤늦게까지 일을 하느라 술을 마시지도 않았고 억울함을 밝히면서 결백을 상세히 털어놓았습니다.

그러나 조사관은 저의 진신을 아랑곳하지 않고 그 여성이 둘러대는 거짓말을 의존한 채 제가 길을 걸어가던 중 마주오던 여성이 보여 충동적으로 여성을 추행한 것이 아니냐며 온갖 추측성 말과 강압적인 분위기에서 저를 몰아 새웠고 또 조사관은 저에게 아무것도 아니니 그만 인정하고 합의하면 아무 일도 없을 것이라고 회유하기도 했습니다.

(3) 정의롭고 현명하신 검사님!

저는 처음 당해보는 일이라 담당 경찰관이 하는 말에 흔들리기는 하였으나 없었던 것처럼 조사를 꾸며 덮으려는 조사관이 너무나도 괘씸하여 혐의사실에 대하여 완강히 부인한 후 구체적인 진술을 마치고 나왔습니다.

저는 집으로 돌아와서도 억울하고 분해서 밤새도록 한잠도 못자고 뜬눈으로 보내고 직장으로 오는 길에 현장주변에서 증거를 찾아 저의 무고함을 주장하려고 하였으나 너무 늦은 시각에 발생한 사건이기 때문에 목격자가 존재하지 않았을 뿐더러 주변에는 CCTV 조차 설치되어 있지 않아 이대로 진행하다간 결국 혐의사실을 인정하고 피해를 받지도 않은 여성과 울며 겨자 먹기로 합의까지 보고 최대한의 선처를 구하는 방법으로 사건을 진행해야 할 수도 있었습니다.

직장에서 동료들과 어제 저녁에 생긴 일에 대해 의논을 하였는데 한 직장동료가 하는 말이 CCTV가 설치되어 있지 않다면 현장주변에 주차한 차량들이 있었는지 그 차량에 설치된 블랙박스 영상을 확인하면 밝혀질 수 있다는 말을 듣고 저는 곧바로 현장주변으로 달려갔는데 그곳에서 모션감지녹화기능이 설치되어 있는 차량을 찾아 녹화되어 있던 당시의 현장영상을 확인하게 되었는데 약간 거리가 있어 명확하게 저와 인상착의는 구분이 되지 않지만 저의 진술과 같이 한 남성이 여성이 걸어오자 우측으로 붙어서 걸어가는 모습과 이후 여성이 갑자기 남성을 낚아채는 장면이 고스란히 촬영되어 있었습니다.

(4) 존경하는 우리 검사님!

그렇다면 피의자는 아무런 혐의가 없음에도 그 여성이 저를 처벌받게 할 목적으로 허위의 사실을 적시하여 신고한 것이 분명한 이상 그 여성을 무고죄로 처벌해 주시기 바랍니다.

이에 대한 블랙박스영상자료를 증거자료로 제출하오니 면밀히 검토하시어 피의자에게 무혐의처분을 내려 주시어 피의자에 대한 명의회복을 해 주시기 바랍니다.

저는 이런 일로 직장에서나 심적으로나 정신적으로 엄청난 고통을 받아야 했습니다.

다시는 저에게 이런 일이 생기지 않았으면 하는 마음으로 검사님께 현명하신 판단을 호소하오니 저에게 무혐의처분을 내려주시고, 그 여성에게는 무고죄로 엄벌에 처하여 법에 준엄함을 깨달을 수 있도록 해 주시기 바랍니다.

2. 소명자료 및 첨부서류

(1) 증 제1호증   블랙박스영상자료
(2) 증 제2호증   인감증명서
(3) 증 제3호증   재직증명서

○○○○ 년 ○○ 월 ○○ 일

위 탄원인 : ○ ○ ○   (인)

수원지검 ○○○검사님 귀중

탄　원　서

사　건　번　호 : ○○○○형제○○○○호　강제추행

피　고　인 : ○　　○　　　○

탄　원　인 : ○　　○　　　○

수원지검 ○○○검사님 귀중

탄 원 서

1. 탄원인

성　명	○ ○ ○	주민등록번호	생략
주　소	경기도 오산시 ○○로 ○○, ○○○-○○○호		
직　업	주부	사무실 주　소	생략
전　화	(휴대폰) 010 - 9879 - 0000		
기타사항	오산경찰서에서 수원지방검찰청으로 송치된 건		

상기 탄원인은 오산경찰서에서 조사를 마치고 수원지방검찰청으로 송치되어 조사를 앞두고 있는 피의자 ○○○의 처로서 아래와 같은 사유로 검사님께 탄원서를 제출하오니 부디 피의자를 선처해 주시기 바랍니다.

(1) 존경하는 우리 검사님께 호소합니다.

　　먼저 존경하는 검사님께서 항상 사법적 정의구현 노력에 깊은 감사의 말씀부터 올립니다.

　　제가 감히 고명하신 검사님께 사건의 경위를 소상하게 밝히고 피의자에 대하여 진심을 호소하기 위해 탄원서를 쓰게 된 것은 누구로부터 부탁을 받거나 타의적으로 작성한 것이 절대 아니며 이 탄원서는 사실 그대로를 숨김과 보탬이 없는 전적으로 저의 내면에서 우러나오는 자발성에서 이뤄진 것임을 분명히 말씀드립니다.

(2) 정의롭고 자비로우신 검사님!

　　피의자는 ○○○○. ○○. ○○. ○○:○○경 경기도 오산시 ○○로 ○○, ○○에 있는 폐 공장 내부에서 피해자 ○○○(여, 당시 33세 ○○다방 종업원)이 커피배달을 온 것을 보고 욕정을 일으켜 피해자의 바지를 벗기고 손으로 음부를 만지고 혀로 핥아 애무하여 강제추행혐의로 경찰서에 조사를 받고 검찰청으로 기소의견으로 송치되었습니다.

　　남편이 피해자에게 한 행동 아무리 다방에 근무하는 종업원이라 하더라도 그분의 인격을 존중하여야 할 사람이 이러한 행동을 하였다는 것에 대하여 마누라이면서 아내로서 먼저 피해자에게 용서를 빌고 검사님께 용서를 빌고 남편을 대신해 무릎을 꿇고 빌고 싶은 생각뿐입니다.

　　정말 죄송하고 부끄럽습니다.
　　저는 우리 남편이 이런 짓을 할 사람이 아닌데 이유여하를 불문하고 우리 남편이 몹쓸 짓을 한 것은 맞습니다.
　　우리 남편의 잘못은 용서가 안 되고 엄벌로 다스려져야 합니다.

　　피의자가 우리 남편이 이런 사람인 줄 몰랐습니다.
　　꿈에서도 몰랐습니다.

(3) 은혜롭고 자비로우신 우리 검사님!

　　제가 하도 어이가 없고 남편의 행동이 이해가 되지 않아 남편에 게 사건 당일에 대해 알아보았는데 우리 남편은 어떤 업무와 관련하여 속이 상한 나머지 잘 마시지도 못하는 술을 점심도 먹지 않고 아마 빈속으로 소주와 막걸리를 썩어가며 많이 마신 바람에 그만 취기가 올라 평소에도 가끔 다방에서 커피를 주문해 마셨던 기억으로 다방에 커피를 주문하였고 그 종업원인 피해자께서 커피를 기지고 우리 남편이 일을 하는 곳으로 배달되어 한잔은 남편이 마시고 또 한잔은 여성분이 같이 마시면서 이런 저런 이야기를 하다가 그만 피해자가 농담을 하여 욕정을 억누르지 못하고 이 같은 행동을 한 것 같습니다.

저도 처음에는 남자들의 세계를 이해하지 못하고 술을 마신 사람을 이상하게만 보았던 경향이 없지는 않았습니다.

술을 많이 마신 우리 남편도 문제지만 술에 취한 사람 앞에서 농담으로 취기가 어느 정도 올라 예민한 상태에 있던 남편에게 요즈음 부인하고 매일하느냐, 나는 사장님 같은 타입을 좋아한다, 원한다면 줄 수도 있다는 성적충동을 유발시키는 농담을 한 피해자의 말을 듣는 순간 우리 남편은 그만 욕정을 억제하지 못하고 피해여성이 성관계를 허락한 것으로 착각하고 이러한 범행을 저지른 우리 남편을 두둔하고 잘했다는 것은 아니라 이해를 했습니다.

(4) 자비로우신 우리 검사님!

옛날에 우리 부모님들은 남녀를 유별하게 엄하게 가르치셨고 다 큰 남자여자를 한곳에 두고 잠을 재우지 않았던 기억이 납니다.

아무리 우리 남편이 술을 많이 마셨던 많이 마시지 않았던 우리 남편이 다방에 커피를 시켜 배달한 여성과 단둘이 있는데 여기서 여성분이 지금도 부인하고 관계를 하느냐, 나는 사장님 같은 분을 좋아한다, 원하면 줄 수도 있다는 농담을 하는데 욕정을 느끼지 않는다면 그 사람이 바보가 아니겠습니까.

우리 남편은 당시 술에 만취되어 피해자의 자극적인 농담을 진정으로 믿을 수도 있고 허락하는 것으로 알고 남편의 행동은 있을 수 있는 것이라고 생각이 듭니다.

물론 우리 남편이 절제하지 못하고 아이들과 가족을 생각해서 욕정을 억누르지 못한 것은 나쁘고 저 또한 남편을 원망할 수 있지만 남편은 다른 일로 기분이 많이 상해 술을 많이 마신 상태에서 피해자가 하는 농담을 듣는 순간 욕정으로 이어져 이러한 행동을 한 것을 처벌로서만 단죄할 것이 아니라 너그럽게 용서할 수 있는 일이라고 생각이 듭니다.

(5) 존경하는 우리 검사님!

이러한 우리 남편의 행동은 피해여성에게 용서를 빌고 사죄를 하는 것도 중요하겠지만 저는 평생을 함께 살고 아이들을 키우고 가르쳐야 하는 제가 먼저 용서를 해야 한다고 생각이 들었습니다.

저는 착한 우리 남편을 이미 용서했습니다.
남편의 부끄럽고 창피한 행동을 이해하고 검사님께 용서해 달라고 말씀을 올리고 나니 저는 악한 감정도 미웠던 감정도 서운했던 마음도 모두 잊을 수 있어 지금은 홀가분합니다. 정말 여자의 마음으로 남편의 행동 이해하기가 그리 쉽지는 않았습니다.

저는 우리 어린 아이들을 생각해서 우리 가족을 위해 불쌍한 우리 남편을 용서하기로 마음먹었습니다.

사회생활 하다보면 술을 먹고 해서는 안 되는 실수려니 생각하고 우리 가족을 위해 용서했습니다.

이제는 우리 아이들도 생각해야 하고 아이들의 아빠도 저도 생각해야 하는데 무슨 복이 없어서 우리 가족에게 이런 일을 겪어야 하는지 원망스럽습니다.

남자들이 주먹질하고 싸움을 했다면 용서할 수 있지만 수치스러운 짓을 한 남편을 용서하고 아내로서 진심으로 받아들인다는 것은 정말 쉬운 것은 아니라고 생각합니다.

(6) 자비로우신 우리 검사님!

물불 안 가리고 온 정열을 다 바쳐 바삐 뛰어다니지만 정작 자기 가슴의 소리를 놓치고 사는 데 문제의 원인이 있기 때문입니다.

일이 잘되고 못되고는 우리 부부가 얼마만큼 가슴으로 소리를 듣고 따르느냐에 달려있습니다.

남들이 알아주는 엄청난 일을 해냈다 하더라도 우리 부부의 가슴 깊은 곳에서 하찮게 느끼고 있다면 세상에 그보다 허망한 일도 없다고 생각합니다.

우리 남편에게 단 한번만 기회를 주시면 우리 부부는 검사님의 뜻을 되새기고 절대 이러한 일 생기지 않게 하겠습니다.

절대 검사님의 기대에 저버리는 일 생기지 않게 하고 우리 남편 옆에서 항상 지켜보고 올바른 사람으로 이끌어 내고 내조하여 다시는 이런 일이 없도록 하겠습니다.

죄는 미워하시되 한 가정의 파탄을 그저 바라만 보시지 마시고 제발 이제부터라도 죄를 뉘우치고 사회에 헌신하며 바른길로 살아갈 수 있도록 우리 남편을 보살펴 주시고 용서해 주세요.

지금까지 가정주부로만 살아오면서 반평생을 의지해 온 남편이고 앞으로도 제가 의지할 곳은 남편 밖에 없습니다.

법 이전에 한 인간을 불쌍히 여기고 자비로우신 검사님의 판단이 피의자로 하여금 다시금 기회를 주시고 우리 아이들을 위해 허드렛일도 마다하지 않고 열심히 살아가는 탄원인에게 격려와 위안이 될 것이라고 믿어 의심치 않습니다.

우리 피고인에게 선처를 호소합니다.

검사님께서 판단하시는데 우리 온 가족의 운명이 달려있습니다.

부디 선처를 부탁드립니다.

2. 소명자료 및 첨부서류

(1) 가족관계증명서   1통

(2) 탄원인의 인감증명서   1통

○○○○ 년 ○○ 월 ○○ 일

위 탄원인(피의자의 처) : ○ ○ ○   (인)

수원지검 ○○○검사님 귀중

탄　원　서

탄 원 인 :　○　　○　　○

피 의 자 :　○　　○　　○

부산지방검찰청 ○○○검사님 귀중

탄 원 서

1. 탄원인

성 명	○ ○ ○	주민등록번호	생략
주 소	부산시 ○○구 ○○로 11길 ○○, ○○○-○○○호		
직 업	회사원	사무실 주 소	생략
전 화	(휴대폰) 010 - 2789 - 0000		
피의자와의 관 계	본인입니다.		

2. 탄원의 취지

상기 탄원인은 부산지방검찰청 2014형제○○○○호 공공밀집장소에서의 강제추행 및 폭력사건의 피의자로써 아래와 같이 검사님께 탄원서를 제출하오니 선처해 주시기 바랍니다.

3. 탄원의 요지

(1) 존경하는 검사님!

먼저 사건 당일의 사건정황을 간단하게 설명을 드리겠습니다.

저는 사건 당일 회사에서 저녁식사 겸 회식을 하면서 술에 취해서 지하철 에스컬레이터에서 깜박 졸아서 앞에 서있던 여성분의 등 부위를 제

이마가 살짝 닿았던 모양입니다.

그 여성분은 왜 사람을 추행하고 그러냐며 고래고래 소리를 지르면서 저에게 욕설을 퍼붓는 바람에 전 영문도 모른 채 뭔 소리냐고 답변했고 에스컬레이터 계단 몇 칸 아래쪽에 있던 신랑이라는 사람이 좇아 와서 저를 밀치고 뭐라고 하여 넌 뭐냐고 멱살 잡고 한번 흔들었습니다.

그러는 중 에스컬레이터가 정상에 이르자 지하철역무원 및 공익근무요원 3명이 도착했고 개찰구를 나오기 전에 여성분이 고래고래 욕설을 하면서 소리를 질러 내가 뭘 잘못했냐고 질문하자 뒤에서 성추행하지 않았냐며 욕설을 또 해서 저는 주사도 없고 술에 취하면 잠자는 편입니다.

존경하는 검사님!

만취한 상태에서 실수 할 수도 있습니다.
남들에게 한번 도 술 먹고 실수한적 없는 저로서는 욕설을 퍼붓고 저를 밀어붙이는 바람에 저도 모르게 울분을 참지 못하고 공익요원들이 말리는 걸 뿌리치며 한대 때렸는데 역무원이 신고하여 지구대를 거쳐 경찰서에서 조사를 받았습니다.

(2) 존경하는 검사님!

여성분은 경찰서 조사과정에서 제가 머리로 여성분의 등을 비비고 손으로 가슴을 만졌다고 진술했습니다.

또 뒤에서 엉덩이를 만졌다고 주장하고 있습니다.

저는 만취한 상태에서 전혀 기억이 없고 깜박 졸면서 머리가 앞 사람의 등에 닿은 것 같다고 진술했습니다.

그리고 여자 분이 고래고래 소리를 지르면서 욕설을 퍼붓는 바람에 남편분하고 약간의 실랑이를 벌이면서 옥신각신한 것은 기억이 나지만 누구를 때린 것은 기억이 나지 않습니다.

(3) 존경하는 검사님!

나중에 알게 된 것이지만 저에게 공중밀집장소에서의 강제추행 및 폭력이라는 죄명이라는 말을 듣고 깜짝 놀랐습니다.

술에 만취되어 기억이 나지 않고 모르는 일이라 도저히 이해가 되지 않아 지하철역으로 찾아가 CCTV를 보여 달라고 하였으나 전체의 내용은 보여주지 않아 CCTV를 살펴보는데 여성분에게 추행했다는 장면은 어디에도 없었고, 멱살을 잡고 난동을 부렸다는 모습도 전혀 확인이 되지 않았습니다.

존경하는 검사님!

제가 술에 만취되어 에스컬레이터를 타고 올라가던 중 깜박 졸면서 앞에 서있는 여성분의 등에 제 이마가 닿은 것뿐인데 이것은 마치 저를 흉악범으로 몰아붙이는 피해여성분이나 남편분이 고래고래 소리를 지르고 저에게 욕설을 퍼붓는 바람에 저도 더 이상 참지 못하고 멱살을 잡는 싸움이 있었습니다.

(4) 존경하는 검사님!

제가 잘했다는 것은 아닙니다.

그렇다고 해서 제가 죽을죄를 진 것도 아닙니다.
당시 저는 만취 상태에 있었기 때문에 졸음을 이기지 못하고 그만 졸다

가 실수로 앞에 서있던 여성분의 등에 이마가 살짝 닿은 것뿐인데 피해
여성분은 저를 의도적인 성 추행범으로 몰아가고 만지지도 않은 엉덩이
를 만졌다며 저를 파렴치한으로 몰아붙이는 것은 인정할 수 없습니다.

또 저는 앞에 있던 여성분께 술 취한 사람의 이마가 자신의 등에 닿았
으니 기분은 그리 좋지 않았을 것으로 생각하고 미안하다고 정중히 사
과를 했는데 남편과 합세하여 저의 실수가 사전에 계획된 행동으로 바
뀌고, 마치 성추행을 일삼는 사람으로 비춰질 오해의 소지가 있다는 것
에 대해서는 저의 양심과 인격상 도저히 용납할 수가 없어 이를 바로
잡기 위해 이렇게 염치불구하고 검사님께 호소하기에 이른 것입니다.

(5) 그러나 검사님께서 아시겠지만 에스컬레이터를 타고 올라가면서 가슴을
만질 수 있는 위치가 아닙니다.

깜박 졸면서 이마가 여성분의 등에 살짝 닿았는데 화들짝 놀라 비명을
지르는 바람에 저도 순간 정신을 차리고 미안하다고 했을 정도인데 엉
덩이와 가슴을 만졌다는 주장은 도저히 이해가 되지 않는 대목입니다.

존경하는 검사님!

만취한 상태에서 그만 졸음을 참지 못하고 여성분에게 실수를 한 것은
정말 죄송하고 미안하게 생각합니다.

그렇다고 해서 하지도 않은 성추행을 했다며 나이도 많은 사람에게 부
부가 합심해서 욕설을 퍼붓고 멱살을 잡고 폭력을 행사하는 과정에서
제가 방어하면서 일어난 약간의 상처를 가지고 폭력을 운운하면서 무리
한 합의금을 요구하는 등 저로서는 억울한 생각이 들어 검사님께 현명
하신 판단을 다시 한 번 호소합니다.

(6) 존경하는 검사님!

저는 단연코 성 추행을 한 사실이 없습니다.
여성분과 남편과의 말다툼에서도 어떠한 폭력도 없었다는 사실은 분명
히 하고 싶습니다.

따라서 여성분이 엉덩이를 만졌다, 가슴을 만졌다고 주장하는 추행에
대하여 존경하는 검사님께서 면밀히 검토하시어 진위여부를 분명히 밝
혀주시기를 다시 한 번 부탁의 말씀드립니다.

부디 현명하신 판단을 간청 드립니다.

4. 소명자료 및 첨부서류

(1) 탄원인에 대한 인감증명서   1통

○○○○ 년 ○○ 월 ○○ 일

위 탄원인 : ○ ○ ○   (인)

부산지방검찰청 ○○○검사님 귀중

【탄원서⑤】 교통사고 검찰조사 중인 피의자가 검사님께 억울함을 호소하며 재수
사 촉구

탄   원   서

탄 원 인 : ○   ○   ○

춘천지검 ○○○검사 귀중

탄 원 서

1. 탄원인(피의자)

성 명	○ ○ ○		주민등록번호	생략
주 소	강원도 춘천시 ○○로 ○○, ○○○-○○○호			
직 업	학생	사무실 주 소	생략	
전 화	(휴대폰) 010 - 4567 - 0000			
피의자와의 관 계	본인입니다.			

2. 탄원의 취지

    상기 탄원인은 춘천지방검찰청 ○○○○형제○○○○호 교통사고처리특례법위반 피의사건의 피의자로서 ○○○검사님께 억울함을 호소하오니 치밀하게 재수사하여 누명을 밝혀 주시기 바랍니다.

3. 탄원의 요지

(1) 존엄하신 검사님!

    저는 강원대학교 전자공학과 3학년에 재학 중인 학생입니다.

    ○○○○. ○○. ○○. ○○:○○경 학교 기숙사로 친구 녀석이 놀러 와서 저녁시간을 함께 보내고 바람을 쐬자며 집에 있는 오토바이를 타고 드라이브를 했습니다.

시간은 자정을 조금 넘고 제가 있는 기숙사부근의 도로는 한산한편으로 오토바이드라이브는 기분을 내기 최고였습니다.

저는 친구를 뒤에 태우고 신나게 드라이브를 하고 있는데 저 앞쪽에 한 아주머니께서 자전거를 타고 가고 있었습니다.

(2) 현명하시고 존경하는 검사님!

저는 그 아주머니가 놀랠까봐 속도를 줄이고 천천히 그 옆을 지나쳤습니다.

그런데 그 아주머니는 우리를 쳐다보느라 그만 자전거가 기우는 것도 모르시고 도로 경계석에 부딪혀 옆으로 넘어졌습니다.

우리는 그 아주머니를 도우려고 가던 길을 되돌아와서 아주머니와 자전거를 일으켜 세우고 다친 곳은 없는지 물었습니다.

(3) 현명하신 검사님!

괜찮다고 하시던 그 아주머니는 길 건너로부터 순찰을 돌던 경찰차량을 보더니 갑자기 태도가 돌변하여 변했습니다.

소리를 지르며 우리가 들이 받아서 충격으로 넘어졌다는 것입니다.

우리는 할 수 없이 경찰서에 가서 졸지에 야밤 오토바이 폭주족으로 몰리고 조사까지 받아야 했습니다.
순찰을 돌던 경찰관 아저씨는 우리가 부딪치지 않았다고 해도 막무가내로 자초지종을 따져보지도 않고 아주머니께서 자발적으로 넘어진 곳에 가서 확인도 해보지 않고 오토바이와 자전거가 부딪쳤다면 흔적이 어디에나 있을 텐데 이 또한 확인하지도 않고 무조건 우리를 몰아붙이고 의심을 했습니다.

(4) 정의로우신 검사님!

우리는 절대 그 아주머니를 치지 않았고 부딪치지도 않았습니다.

그 아주머니께서 요란한 소리가 들리자 우리가 타고 가던 오토바이를 쳐다 보시다가 그만 넘어지셨는데 상처도 없으시고 자전거도 멀쩡하게 아무런 이상이 없었습니다.

단지 한 동네에 살면서 저도 우리 친구도 부모님 모시고 살고 있는 학생으로 오토바이 소리에 놀라 쳐다보시다가 넘어지시는 바람에 도의적인 책임으로 모른 채하고 지나쳤을 수도 있는데 저만치 가다가 다시 되돌아와서 아주머니와 자전거를 일으켜 세우고 다친 곳은 없는지 물었던 것입니다.

(5) 자비로우신 검사님!

우리가 경찰관에게 자초지종을 설명을 드리고 조사를 받으면서 우리가 아주머니를 치지 않았다고 해도 그 옆에 계시던 아주머니께서는 사실이니까 아무 말씀도 하지 않고 가만히 계시는데 도대체 경찰관은 우리를 폭주족으로 몰고 아주머니를 치고 달아난 것으로 누명을 씌우고 있습니다.

존경하는 검사님 정말 저희는 너무 억울합니다.

잘못이 있다면 요란한 굉음을 내고 오토바이를 탄 죄만 있을 뿐입니다.

이런 오토바이 소리에 우리를 쳐다보시다가 넘어지셨는데 아무런 상처도 입지 않으셨고 자전거도 망가지지 않았습니다.

(6) 존경하는 검사님!

우리는 달리던 길을 되돌아와서 아주머니와 자전거를 일으켜 세우고 다친 곳은 없는지 물었는데 그 때 아주머니께서는 괜찮다고 하셨는데 마침 길 건너편으로 지나가던 순찰차량을 보는 순간 돌변하여 우리가 오토바이로 아주머니를 치는 바람에 넘어지셨다고 거짓말로 누명을 씌운 것입니다.

저와 우리 친구가 뒤에 타고 있었기 때문에 확인해 보시면 아시겠지만 하늘에 맹세코 자전거를 친 사실은 없습니다.

우리는 결백합니다.
절대 자전거를 부딪치지 않았습니다.

우리는 죄진 것 없이 누명을 쓰고 죄인이 된 것이 너무 억울하고 분한 생각이 들어서 밥맛도 없고 공부를 할 수가 없어서 검사님께 누명을 벗겨달라고 호소하기에 이른 것입니다.

(7) 현명하신 검사님!

결코 저희들은 아주머니를 부딪치지 않았습니다.

배우는 우리 학생들의 억울함에 귀 기울여 주시고 억울하게 누명을 쓴 것은 치밀한 재수사를 통하여 밝혀 주시기 바랍니다.
바로 저희들은 경찰서에서 조사를 받고 나오자마자 억울한 누명을 쓴 것이 분해서 이렇게 검사님께 누명을 벗겨 달라고 호소하기에 이른 것입니다.
우리들의 억울한 누명을 존경하는 검사님께서 벗겨 주시리라 믿고 열심히 공부만 하겠습니다.

정말이지 옛말 틀린 것이 없다는 생각이 절로 들었습니다.

그런데 정말 슬픈 일은 이 세상이 왜 이리 각박하냐는 것입니다.

남 도와주고 오히려 가해자로 몰릴 수 있는 세태가 너무 슬프고 실망스러웠습니다.

그러나 남을 돕는 것도 성격인지 몰라도 지금도 남의 도움이 필요한 사람을 보면 저나 우리친구 역시 그냥 지나치질 못하고 나서야 하니 천성은 천성인가 봅니다.

부탁드립니다.

꼭 저희들의 억울함을 밝혀 주시리라 믿겠습니다.
안녕히 계십시오.

4. 소명자료 및 첨부서류

    (1) 재학증명서   1통
    (2) 탄원인에 대한 인감증명서   1통

○○○○ 년 ○○ 월 ○○ 일

위 탄원인 : ○ ○ ○   (인)

부천지검 ○○○검사 귀중

탄 원 서

사 건 번 호 : ○○○○고단○○○○호 교통사고처리특례법위반

피 고 인 : ○   ○   ○

탄 원 인 : ○   ○   ○

창원지법 형사2단독 귀중

탄 원 서

1. 탄원인

성 명	○ ○ ○	주민등록번호	생략
주 소	창원시 ○○구 ○○로 ○길 ○○, ○○○호		
직 업	사업	사무실 주 소	생략
전 화	(휴대폰) 010 - 3422 - 0000		
기타사항	창원지방법원 ○○○○고단○○○○호 교통사고 처리특례법위반 피고사건		

상기 탄원인은 창원지방법원 ○○○○고단○○○○호 교통사고처리특례법위반 피고사건의 피고인으로서 아래와 같은 사유로 재판장님께 탄원서를 제출하오니 부디 피고인을 선처해 주시기 바랍니다.

(1) 존경하는 우리 재판장님께 드립니다!

먼저 존경하는 재판장님께서 항상 사법적 정의구현 노력에 깊은 감사의 말씀부터 올립니다.

저는 ○○○○. ○○. ○○. ○○:○○ 제○○호 법정에서 재판장님께 교통사고처리특례법위반 죄명으로 공판을 앞두고 있는 피고인 ○○○입니다.

피고인은 창원시 ○○구 ○○로 ○○○에서 태권도학원을 운영하고 있습니다.

파고인은 평소에도 학원에서 업무를 보고 점심때가 되면 ○○로에 있는 집으로 가서 점심을 먹고 다시 학원으로 와서 아이들을 가르치고 퇴근을 하고 있습니다.

(2) 자비로우신 우리 재판장님!

○○○○. ○○. ○○. 수요일 오후 2시 조금 넘어서 피고인은 평소처럼 집에서 점심을 먹고 피고인이 운영하는 학원으로 나오다가 ○○로를 넘어 코너를 돌아 내려오는 중 앞을 보지 않은 채 중앙선을 넘어 오는 작은 오토바이를 발견했습니다.

순간 피고인은 아찔했습니다.

피고인은 순간 판단이 흐려지고 당황할 수밖에 없었습니다.

피고인은 뭐지 내가 뭘 잘못 봤나 하는 순간에도 차는 계속 굴러가고 있었고 순식간에 여러 생각이 들었고 클랙션을 계속해서 눌러도 중앙선을 넘어온 오토바이를 피하긴 너무 늦었다는 생각이 들었는데 더구나 앞을 보지 않은 채 오는 도중인데 놀라서 당황해 넘어지기라도 하면 더 상황이 안 좋을 수도 있겠다는 생각으로 브레이크를 밟으면서 최대한 차를 길가로 붙여서 세웠습니다.

(3) 현명하시고 존엄하신 우리 재판장님!

그러나 피고인은 오토바이를 완전히 피하지는 못했고 별 수 없이 오토바이와 약간 스치는 바람에 피고인의 차량 앞부분 백미러가 부러지고 오토바이는 그대로 지나갔습니다.

저는 즉시 차를 세우고보니 오토바이의 운전자는 어린 학생인데 그로 쭈뼛쭈뼛 가려고 하고 있었습니다.

피고인은 뭔가 이것은 아니지 싶어서 뺑소니로 몰릴 수 있다는 생각도 들고 학생은 아직 오토바이에서 내리지 않은 채로 정지해 있는 상태인데 피고인이 뛰어간다고 잡을 수 있을까 우려도 들었는데 학생이 그 무렵 오토바이에서 내려서 피고인이 있는 곳으로 내려왔습니다.

피고인은 처음 보는 학생이었습니다.

피고인이 학생의 모습을 살펴보니까 많이 다친 것 같지는 않았습니다.

(4) 자비로우신 우리 재판장님!

그래도 피고인은 인정상 얼마나 다쳤느냐고 묻고 병원에는 안가도 되겠냐고 묻고 앞도 안보고 그렇게 중앙선을 넘어오면 어떡하니 하니까 학생은 생각 외로 맹랑하데요.

안 넘어왔는데요.
그럼 내가 너랑 부딪치면서 난 자국이 어떻게 길 바깥쪽으로 나있냐고 하니까 어린 학생은 그때서야 말을 하지 못했습니다.

다그친다고 해결될 일도 아니고 피고인은 먼저 학생의 팔에 눈길이 갔습니다. 많이 다쳤니 팔에는 작은 상처가 있었습니다.

피고인은 학생이 놀랐을 거 같아 일단 학생에게 물어서 학생의 아버지에게 연락을 하고 피고인도 보험회사에 연락을 했습니다.

(5) 은혜롭고 정의로우신 재판장님!

피고인이 보험회사 직원을 기다리고 있던 중 빗방울이 떨기 시작해 학생에게 추우니까 피고인의 차에 들어가 있으라고 했는데 차에 타지 않았습니다.

피고인도 비를 맞으면서 증거사진을 몇 장 찍었습니다.

얼마 후 연락을 받은 학생의 아버지가 보험회사 보다 먼저 사고현장으로 왔습니다.

얼마 안 있어서 보험회사도 왔습니다.

보험회사는 무성의하게 사진 몇 장만 찍고 학생의 인적사항도 묻지 않고 가라고 해서 피고인이 어 그냥 보내도 되는지 물어보았습니다.

그런데 학생의 아버지가 노발대발하면서 사고 접수하고 지금 애가 다쳤는데 병원에 가지 말라는 말이냐며 심하게 화를 냈습니다.

(6) 존경하는 우리 재판장님!

저는 그 다음날 점심을 집에 가서 조금 일찍 먹고 학생이 사는 집에 가 보았습니다.

어른들은 안 계시고 그 학생이 문을 열어주는데 팔이 좀 부었고 일회용 밴드를 팔에 하나 손에 세 개 붙였습니다.

피고인도 자식 키우는 입장에서 잘잘못을 떠나 정말 마음이 아팠습니다.

피고인이 왜 그랬어? 하고 학생에게 물었더니 학생은 그냥 싱긋 웃더군요. 병원은 갔다 왔고 했더니 갔다 왔다고 해서 그렇게 지나가는 듯 했습니다.

(7) 정의로우신 재판장님!

2주쯤 지나서 탄원인이 가입한 보험회사의 홈페이지에 들어가 봤더니 처리완료로 되어 있었습니다.

그래서 이상하다고 생각하고 학생이야 본능적으로 자신의 실수를 인정하고 싶지 않을 수 있겠지만 보험회사 직원이 처리를 제대로 했더라면 이렇게 오래 끌지 않고 말끔하게 해결할 수 있었을 거란 생각이 자꾸 들었습니다.

피고인의 차량의 스키즈마크와 차선 안에 많이 떨어진 오토바이의 파편만 정확히 사진을 찍었어도 잘잘못을 가릴 것 없이 확실하게 판가름이 났을 텐데요 보험회사 직원은 피고인 차량의 스키즈마크는 찍지도 않았고 오토바이 파편도 가장 많은 지점인 차선 안에도 찍지도 않고 큰 거 하나 떨어진 학생의 차선만 찍었습니다.

학생에게 불이익이 가는 것을 피고인은 원하지 않습니다.

다만, 피고인이 피해자였다는 것을 인정받고 싶은 생각뿐입니다. 만약, 학생의 아버지께서 면허도 없는 아이에게 오토바이를 내 줘서 사고가 나 미안하게 됐다며 미안하게 생각했다면 피고인도 치료도 해주고 말았을 텐데 대한민국은 법치국가입니다.

법을 따르고 지키면서 바르게 운전한 피고인이 보호를 받아야 마땅하다고 생각합니다.

(8) 존경하는 우리 재판장님!

결코 피고인은 피해자이지 가해자가 아닙니다.

피고인이 중앙선을 넘어간 것이 아니라 오토바이를 운전하던 학생이 중앙선을 넘어왔습니다.
그리고 학생의 아버지가 주장하는 위치에서 사고가 났다면 가장 많은 파편이 있었던 바로 반대편 차선 위치에 오토바이의 파편이 있을 수가 없습니다.

그런데 적반하장으로 피고인이 중앙선을 넘어와 사고를 낸 가해자로 둔갑되어 있었고, 피고인의 차량의 백미러와 오토바이의 손잡이가 비껴서 갔으니 그 부분은 피고인의 차로 덮쳐 있었던 상황이니까요. 상대방의 말이 사실이라면 서로가 이동 중이었으니 물체가 운동 상태를 유지하려고 하는 관성의 법칙에 따라 아마 조금은 더 상대방의 차선으로 파편이 떨어져 있었을 것입니다.

(9) 존경하는 우리 재판장님!

피고인이 잘못을 한 것이 있다면 처벌을 달게 받겠습니다만, 피고인은 이 사건과 관련하여 피해자이지 가해자가 아닙니다.

이제 와서 피고인이 중앙선을 넘어와 피해자 학생을 부딪친 것으로 고소를 당하고 재판을 받아야 하고 손해배상을 해야 할 이유가 없다고 봅니다.

그리고 피해자 학생 측이 주장하는 그 방향과 피고인의 바퀴자국이 전혀 맞지 않습니다. 상대방의 주장은 한마디로 억지주장에 불과하오니 이 사건의 공소사실은 범죄사실의 증명이 없는 때에 해당하므로 형사소송법 제325조 후단에 의하여 무죄를 선고하여 주시기 바랍니다.

2. 소명자료 및 첨부서류

(1) 탄원인에 대한 인감증명서   1통

○○○○ 년 ○○ 월 ○○ 일

위 탄원인 : ○ ○ ○   (인)

창원지법 형사2단독 귀중

【탄원서⑦】 구속된 남편을 검사님께서 용서하시고 어린아이들을 생각해 석방해
달라고 호소

탄 원 서

사 건 번 호 : ○○○○형제○○○○호 청소년보호법위반

피 고 인 : ○   ○   ○

탄 원 인 : ○   ○   ○

수원지검 ○○○검사 귀중

탄 원 서

1. 탄원인

성 명	○ ○ ○	주민등록번호	생략
주 소	수원시 ○○구 ○○로 ○○, ○○○-○○○호		
직 업	주부	사무실 주 소	생략
전 화	(휴대폰) 010 - 1289 - 0000		
기타사항	수원지검 ○○○○형제○○○○호 청소년보호법 위반		

상기 탄원인은 수원지방검찰청 ○○○○형제○○○○호 청소년보호법위반 피의사건의 피의자 ○○○에 대한 처로서 아래와 같은 사유로 검사님께 탄원서를 제출하오니 부디 피의자를 선처해 주시기 바랍니다.

(1) 존경하는 검사님께 드립니다!

  탄원인은 현재 ○○○검사님으로부터 조사 중에 있는 ○○○○형제○○○○호 사기 피의사건의 피의자 ○○○의 처 ○○○입니다.

  탄원인은 평택에서 조금 떨어진 안중이라는 곳에서 태어나 여자상업고등학교를 졸업하고 평택에 있는 ○○협동조합에 근무하면서 이곳에 근무하는 남편인 피의자를 만나 결혼하고 슬하에 1남 1녀를 데리고 안성에서 살고 있습니다.

탄원인은 결혼하고 얼마가지 않아 첫아이를 가진 후 사직하고 남편은 계속 근무하다가 최근까지만 해도 평택에서 이곳 안성으로 근무지를 옮겨 근무하던 중 ○○협동조합을 그만두고 안성에서 사회에서 만난 친구 분하고 수원시 장안구 ○○로 ○○, 소재에서 ○○호프집을 차려 영업을 시작했습니다.

(2) 존경하옵는 우리 검사님!

탄원인도 남편이 직장생활을 하면서 벌어오는 수입보다는 호프집을 운영하면 수입이 좋을 것으로 믿고 친정집과 시집에서 돈을 차용하여 가게보증금을 내고 인테리어비용은 저희가 살던 아파트를 팔아 지금 사는 집으로 옮기면서 보증금 500만원에 월 50만원 주고 사글세를 살고 나머지까지 모두 호프집에 투자했습니다.

탄원인도 주방에서 일하고 남편을 도왔고 남편과 그 친구 분은 홀에서 열심히 장사를 했습니다.

남편은 장사에 경험이 없었기 때문에 호프집을 어떻게 운영해야 할지 잘 몰랐습니다.

친구 분은 장사에 경험이 많은 것 같았는데 절대 영업에 앞장을 서는 일이 없이 투자할 돈도 투자하지 않고 형식은 동업이지 친구 분은 투자를 하지 않고 가게에 놀러 오는 것 같은 느낌도 받았습니다.

친구 분은 책임감이 없었고 툭하면 남편에게 미루고 남편은 친구 분이 시키는 대로 일만하고 모든 명의는 남편의 이름으로 영업을 해왔습니다.

(3) 정의로우신 우리 검사님!

그러던 중 남편은 결국 친구 분께서 말하는 대로 영업을 하다가 미성년자를 고용하고 술을 팔았다는 이유로 남편은 구속되어 지금 조사를 받고 있고, 가게는 영업정지에 얼마가지 못해 영업허가도 취소되고 문을 닫고 말았습니다.

영업허가명의만 남편의 이름으로 되어 있지만 실제 불법영업은 모두 그 친구 분께서 다했습니다.

남편은 가게에 투자한 돈은 돈대로 고스란히 다 날리고 구속되었고, 가정은 파탄지경에 이르렀고 탄원인이 어린 아이들을 대리고 살고 있는 사글세방은 월세를 6개월 동안 내지 못해 집주인께서 집을 비워달라고 하고 있으므로 탄원인과 어린아이들이 머지않아 길거리로 쫓겨나게 생겼습니다.

존경하옵는 검사님께서 우리 남편의 처분결과에 따라 우리 가족의 생계가 달려있습니다.

(4) 존경하옵는 검사님!

저는 어린 아이들이 잘 무렵 24시간 영업하는 식당에 가서 부엌에서 아침 8시까지 일해주고 번 돈으로 아이들에게 밥을 해주면 자식들 목구멍에 밥 넘어가는 소리가 가장 행복한 소리로 들립니다.

비록 넉넉하지는 않았어도 아이들과 남편과 탄원인이 밥상을 마주하고 앉아 밥그릇과 수저를 부딪쳐가며 웃으며 식사하던 때 그 소리가 그립고 미우나 고우나 남편이 그렇게 보고 싶고 어린 아이들까지 이제는 남편을 그렇게 찾고 있습니다. 우리 남편은 이런 영업을 해보지 못해 아는 것이 없습니다.

제가 교도소로 남편을 면회 갔는데 남편은 참회의 눈물을 흘리면서 뼈저리게 뉘우치고 반성하고 있었습니다.
우리 부부는 이번 일로 인하여 많은 것을 깨달았습니다.

열심히 산다는 것은 행복을 꿈꾸고 행복을 기다리는 일이라고 말입니다.

저의 부부는 평소 너무 시시하다고 또는 너무 흔하다고 소홀히 대하고 탐
탁찮게 여겼던 순간들을 다 잊어버리고 새로운 행복을 찾아 열심히 노력하
기로 다짐했습니다.

(5) 은혜로우신 검사님!

남편은 허욕으로 당치도 않은 거창한 것을 찾으려다 소중한 전 재산을 안
개같이 흩어지고 무지개처럼 모두 사라지고 말았습니다.

저는 절망하는 남편에게 식사조차 스스로 해결하지 못하고 대소변까지 남
의 손을 빌려야 하는 그런 분들에 비하면 우리 부부의 역경은 아무것도 아
니므로 힘내자고 용기를 주고 왔습니다.

저는 일을 마치고 남편 없는 집으로 들어가면 어린 아이들에게 툭하면 잔
소리를 하지만 그 잔소리가 아이들에게 살아가는 힘이 되고 축복의 응원가
임을 알게 해 줄 것입니다.
우리 남편이 범한 죄는 아마 전혀 모르고 한 짓입니다.

남편은 면회한 저에게 그 동안 많은 것을 뉘우치고 깨닫고 반성하는 모습
을 보였습니다.

(6) 자비로우신 우리 검사님!

정말 힘들게 생활하는 탄원인과 우리 어린 아이들 아무것도 모르고 아버지
만 애타게 찾다가 흘린 눈물이 잠이 들어 말라버리는 불쌍한 아이들을 헤
아려 주시고 저의 남편에게 관용을 베풀어 가족의 품으로 하루속히 보내
주셨으면 하는 마음 간절합니다.

탄원인과 어린 아이들을 위해 우리 남편인 피의자에게 은전을 베풀어 주시면
이 은혜 평생 동안 가슴속에 잊지 않고 간직하고 있다가 꼭 보답하겠습니다.

우리 사랑하는 남편 나오면 정말 좋은 일 더 많이 하고 항상 남에게 베풀면서 우리 어린아이들 잘 키우고 행복하게 잘 살겠습니다.

그럼 검사님의 건강과 온 가족 모두 평강하시길 기원하겠습니다. 대단히 감사합니다.
안녕히 계십시오.

2. 소명자료 및 첨부서류

(1) 가족관계증명서   1부
(2) 탄원인의 인감증명서   1통

○○○○ 년 ○○ 월 ○○ 일

위 탄원인 : ○ ○ ○   (인)

수원지검 ○○○검사 귀중

탄 원 서

탄 원 인 : ○   ○   ○

청주지방법원 제2형사부 귀중

탄 원 서

1. 탄원인

성 명	○ ○ ○	주민등록번호	생략
주 소	청주시 ○○구 ○○로 3길 ○○, ○○○-○○○호		
직 업	회사원	사무실 주 소	생략
전 화	(휴대폰) 010 - 1267 - 0000		
기타사항	청주지방법원 ○○○○나○○○○호 항소사건		

2. 탄원의 내용

　상기 탄원인은 청주지방법원 ○○○○나○○○○호 항소 제○부에서 재판 중인 수감자(수형번호 제○○○○호)이며, 피고인 ○○○의 어머니로서 절박한 사정으로 탄원하오니 부디 피고인을 선처해 주시기 바랍니다.

(1) 존경하는 재판장님께 올립니다.

　　탄원인은 하나밖에 없는 아들인 피고인과 살다가 피고인이 구속되는 바람에 현재 외롭게 홀로 살아가고 있습니다.

　　피고인을 범법자로 만든 것은 한마디로 이 어미에게 있습니다.
　　피고인은 아무런 잘못이 없으니 대신 이 못난 어미를 벌하여 주십시오!

　　피고인은 다른 집 자식들과 마찬가지로 예절바르고 착한 아들이었는데 모든 것이 이 못난 어미의 가정파탄과 무지가 그렇게 만들어 버리고 말 았습니다.

(2) 자비롭고 은혜로우신 우리 재판장님!

잠시 피고인이 범법자가 되기까지의 경위를 간단하게 말씀 드리겠습니다.

그러니까 피고인이 중학교 1학년 때 탄원인은 남편과의 성격차이로 끝내 이혼을 하게 되었는데 한창 감수성이 예민했던 피고인은 그만 실의에 찬 시선으로 점점 말이 없는 아이로 변해가고 있었습니다.

그러나 이 어미의 말은 누구보다도 착실하게 말대꾸 한 번 없이 착하게 자라왔는데 어느 날 범죄인이 되어 교도소에 들어가 있는 사실도 뒤늦게 알게 되어 하늘이 무너져 내리는 충격으로 혼절한 몇 달 뒤, 사랑하는 아들로부터 때늦은 후회와 회한이 담긴 내용으로 한 통의 편지가 저에게 날아들었습니다.

(3) 자비로우신 우리 재판장님!

숱한 세월이 흐른 이제 철이 들고 보니 그 동안 불효로 살아왔던 지난 날들이 원망스럽다며 구절구절 눈물로 얼룩진 사연들로 탄원인에게 마지막 효도를 하겠다고 하는 내용들이었습니다.

자식 키우는 어미의 심정, 그 무엇으로 다 표현하리까마는 이렇듯 못난 어미의 가슴을 갈기갈기 찢어지는 아픔을 아무도 모를 것 입니다.

탄원인은 현재 고칠 수도 없는 가슴앓이 병으로 숱한 날을 지새우며 우리 피고인이 돌아오기만을 학수고대 하다 이제는 바람 앞에 등불이 된 지도 오래되었습니다.

탄원인의 마지막 소원이오니 피고인을 이제 이 못난 어미의 품으로 돌려보내 주셨으면 원이 없겠습니다.

(4) 존경하는 우리 재판장님!

피고인도 교도소로 면회한 탄원인에게 맹세를 하였습니다.

하루속히 가족의 품으로 돌아와 자신이 저지른 피해금액에 대해 피해자를 찾아가 백배사죄하면서 그 변제 금을 다달이 갚아나갈 것이 라고 이 어미에게 굳게 약속까지 하였습니다.

탄원인 또한 피고인이 하는 일 적극적으로 돕고 힘을 모아 주고 싶습니다.

내 사랑하는 아들이 하는 일이라면 뒤에서 힘이 되어 주고 싶습니다.

탄원인은 불의의 사고로 인하여 거동도 불편합니다.
날씨도 쌀쌀해지니 피고인 생각으로 밤이면 잠도 제대로 자지 못하고 매일 뜬눈으로 밤을 새고 있습니다.

뜬눈으로 밤을 새고 불편한 몸으로 아침 일찍부터 피고인이 있는 교도소로 가서 면회하고 돌아오면 저녁인데도 아무도 없는 집에 들어가기가 싫습니다.

피고인이 너무 보고 싶습니다.
저 불쌍한 노모 좀 도와주세요.
혼자서 살아가기가 너무나 힘이 듭니다.

(5) 은혜로우신 우리 재판장님!

비록 가난하고 배우지 못한 탄원인의 아들로 태어나 일시 방황하다가 이

제 마지막으로 효도를 하겠다며 굳은 결의로 맹서하는 피고인을 불쌍하게 여기시고 갸륵한 효심을 참작하시어 최대한의 관용으로 선처를 구하고자 이렇게 모정의 정으로 이 탄원의 글을 올립니다..부디 탄원인의 절박한 사정을 헤아려 주시고 피고인을 하루속히 석방해 주시기 바랍니다.

앞으로는 제가 죽는 날까지 우리 피고인을 옆에 두고 다시는 이런 일이 생기지 않도록 하겠습니다.

탄원인이 부모로서 피고인에게 너무 무심해서 이런 일이 생긴 것 같아 정말 가슴이 갈기갈기 찢어지는 것 같습니다.
죄송합니다. 정말 죄송합니다.

(6) 자비로우신 우리 재판장님!

우리 아들인 피고인에게 한번 만 기회를 주셨으면 합니다.
피고인이 돌아오면 제가 항상 옆에 붙어서 피고인을 감시하여 이런 일 없도록 하겠습니다.

피고인에게 다시는 이런 일 없게 할 자신이 있습니다.
저는 피고인을 삐뚤어지지 않도록 바른 길로 인도할 자신도 생겼습니다.

탄원인은 우리 아들과 함께 사는 것이 저의 마지막 소원입니다.

부디 우리 아들에게 선처를 호소합니다.
그럼 재판장님의 건강과 온 가족 모두의 평강을 기원합니다.
부탁드립니다.

3. 소명자료 및 첨부서류

(1) 가족관계증명서   1부

(2) 탄원인에 대한 인감증명서   1부

○○○○ 년 ○○ 월 ○○ 일

위 탄원인 : ○ ○ ○   (인)

청주지방법원 제2형사부 귀중

탄　　원　　서

사 건 번 호 : ○○○○고단○○○○호　명예훼손 등

피 　고 　인 : ○　　○　　○

탄 　원 　인 : ○　　○　　○

광주지법 형사2단독 귀중

탄 원 서

1. 탄원인

성 명	○ ○ ○		주민등록번호	생략
주 소	광주광역시 ○○구 ○○로 ○길 ○○, ○○○호			
직 업	목사	사무실 주 소	생략	
전 화	(휴대폰) 010 - 1278 - 0000			
기타사항	광주지방법원 ○○○○고단○○○○호 명예훼손 등 피고사건			

상기 탄원인은 광주지방법원 ○○○○고단○○○○호 명예훼손 등 피고사건의 피고인 ○○○의 지인으로서 아래와 같은 사유로 재판장님께 탄원서를 제출하오니 부디 피고인을 선처해 주시기 바랍니다.

(1) 존경하는 우리 재판장님께 드립니다!

먼저 존경하는 재판장님께서 항상 사법적 정의구현 노력에 깊은 감사의 말씀부터 올립니다.

탄원인은 재판장님 앞에서 명예훼손 등으로 공판을 앞두고 있는 피고인 ○○○의 지인이자 교수로 목자들을 가르치는 사람입니다.

제가 재판장님께 피고인의 선처를 호소하고 탄원서를 쓰게 된 것은 누구로부터 부탁을 받거나 타의적으로 작성한 것이 절대 아니며 이 탄원서는 전적으로 저의 내면에서 우러나오는 자발성에서 이뤄진 것임을 분명히 말씀드립니다.

우리 ○○대학교는 광주광역시 ○○구에 위치한 사회의 영적인 지도자를 양성하기 위해 기독교인들의 기도와 성금으로 설립된 공공의 교육자산입니다.

그럼에도 일부 이사들이 자신들의 임기를 70세라는 종신에 가깝도록 늘려놓고 여타 영향력 있는 교계 지도자 및 단체들은 운영진에서 원천배제 해놓고 공공자산을 사유화하고 있습니다.

(2) 은혜롭고 자비로우신 우리 재판장님!

학교를 개인 기업처럼 한손에 쥐락펴락 해왔고 이는 학교의 설립정신에도 배치될 뿐만 아니라 학생들의 자유정신을 질식시키는 반교육적 행태이기에 여러 가지 잡음이 양산되어왔습니다.

자유로운 학풍과 면학분위기 조성을 통해 학문탐구와 진리추구를 도와야 할 이들이 오히려 학생과 교수들의 비판정신과 자유의지를 억압하고 불법적 행태를 일삼아 사회모범을 스스로 포기하여 일개 개인기업 수준으로 우리 ○○대학교를 전락시켰습니다.

대규모 학교공사를 임의수의계약으로 발주하는 위법을 거듭 자행하여 교육부로부터 위법성을 지적받는가 하면 학교공금을 임의로 개인통장으로 이체시켜 카드대금 결제에 사용하여 배임행위를 스스럼없이 저질렀습니다.

(3) 존경하는 우리 재판장님!

이런 일들은 영적가치를 으뜸으로 여기는 우리 ○○대학교의 모든 구성원들의 자존심에 깊은 상처를 남기고 있으며 현재도 자신들의 억압적이고 불법적인 행태를 뉘우치기 보다는 여전히 고소고발 및 민사소송이라는 무리한 소송 전을 남발하여 동문들의 입에 재갈을 물리려 하고 있습니다.

최근에는 법에 정해진 절차를 무시하고 눈엣가시로 낙인찍힌 교수들을 충분한 사전소명의 기회도 박탈한 채 재 임용탈락 시켰는가 하면 학생과 동문들의 반발을 무릅쓰고 자신들의 이익을 대변할 허수아비 인사를 총장에 선임하기도 하였습니다.

(4) 존엄하시고 현명하신 재판장님!

이에 대한 비판 글이 쇄도하는 학교홈페이지 자유게시판은 이미 폐쇄상태입니다.

이런 일련의 사태에 대해 우리 학생 및 교직원 수백 명은 매일 점심시간 1시간동안 학내 도서관에 모여 무기한 기도회를 가지며 학교운영진의 회개와 퇴진을 촉구하고 있습니다.

아울러 교수들 전원이 보직을 이미 사퇴하였고 현 사태에 대해 기독교신문에 투고하여 운영진의 횡포와 무도함에 대해 알리고 있습니다.

(5) 은혜로우신 우리 재판장님!

기독교계는 운영진의 불법적이고 파행을 거듭하는 학교운영행태에 대해 개탄하고 학교에 대한 지원을 전면중단하겠다고 선언하고 있습니다.

이처럼 시대착오적인 자신들의 불법 전횡으로 인해 잡음이 나고 문제가 비화되고 있음에도 문제를 지적하는 학생과 교수, 동문들을 오히려 문제의 근원으로 지목하고 보복적인 표적소송을 벌이고 있는 것은 영적인 삶을 사는 사람들로서 실로 개탄스러운 일이 아닐 수 없습니다.

본 고소사건도 학교를 걱정하는 피고인의 선의의 우려에서 나온 발언으로서 이미 사실로 밝혀진 사안들이고 개인사가 아닌 학교공동체의 일이라는 점에서 명예훼손이 아니라는 것이 검찰 및 재판부의 연이은 판단이었습니다.

(6) 존경하는 우리 재판장님!

따라서 그에 따른 손해배상청구는 근거 없는 것이며 그들이 그동안 저질러온 전횡과 억압적 행태의 연장에 다름 아니라 할 것입니다.

학교의 명예를 떨어뜨리고 동문들의 자존심에 상처를 가한 것은 피고인이 아니라 고소를 제기하고 있는 당사자들일 것입니다.

따라서 자신들이 동문 및 기독교계의 분노와 지탄을 받는 것은 피고인 때문이 아니라 그들 자신들의 잘못 때문임을 이번기회에 깨닫게 해주시기 바랍니다.

피고인은 전국에서도 독거노인, 장애인 등 소외계층이 많기로 유명한 광주에서 교회를 개척하여 교회 내에 가정봉사원 파견시설, 주간보호시설, 아동공부방 등 저소득층을 위한 복지시설을 오랫동안 설치하고 운영해 왔습니다.

(7) 정의롭고 현명하신 우리 재판장님!

이 경험들이 토대가 되어 사회복지에 대한 전국 기독교계의 관심을 일깨우는데 크게 기여하여 전국 목회자로서 그를 모르는 이가 없다할 것입니다.

모쪼록 피고인에 대한 선처를 베푸셔서 사회정의가 우리학교에도 미쳐 전체 학교구성원들에게 평화와 학교발전에 대한 기대가 강물처럼 흐르도록 해주시기 바랍니다.
재판장님께 피고인의 선처를 다시 한 번 더 호소합니다.

부디 피고인의 선처를 호소합니다.
피고인을 업적을 무시하고 개인적으로 구복을 채우기 위한 세력들의 모함에 불과합니다.

또다시 피고인의 선처를 호소합니다.

감사합니다.

2. 소명자료 및 첨부서류

탄원인에 대한 인감증명서   1통

○○○○ 년 ○○ 월 ○○ 일

위 탄원인 : ○　○　○　　(인)

광주지법 형사2단독 귀중

탄　원　서

피　고　인 : ○　　○　　○

탄　원　인 : ○　　○　　○

창원지방검찰청 ○○○검사 귀중

탄 원 서

1. 탄원인(피의자의 처)

성 명	○ ○ ○	주민등록번호	생략
주 소	창원시 ○○구 ○○로 ○○, ○○○-○○○호		
직 업	주부	사무실 주 소	생략
전 화	(휴대폰) 010 - 2389 - 0000		
기타사항	창원지방검찰청 ○○○○형제○○○○호 미성년자 고용 등 피의사건		

상기 탄원인은 창원지방검찰청 제○○○호 검사실에서 미성년자고용 등 피의사건으로 구속되어 조사 중인 피의자 ○○○의 처 ○○○으로서 아래와 같은 사정으로 검사님께 탄원서를 제출하오니 깊이 통찰하시어 피의자 ○○○을 선처해 주시기 바랍니다.

(1) 존경하는 검사님께 올립니다.

탄원인은 현재 검사님으로부터 조사 중인 ○○○○형제○○○○호 미성년자고용 등 피의사건의 피의자 ○○○의 처 ○○○라고 합니다.

탄원인은 마산에서 태어나 여자상업고등학교를 졸업하고 창원에 있는 신용협동조합에 근무하면서 이곳에 근무하던 피의자를 만나 결혼하고 슬하에 1남 1녀를 데리고 살고 있습니다.

탄원인은 결혼하고 얼마가지 않아 첫아이를 가진 후 사직하고 남편은 계속 근무하다가 최근까지만 해도 마산에서 근무지를 창원으로 옮겨 근무하던 중 신용협동조합을 그만두고 창원에서 만난 사회친구하고 아름다운 곳이라는 상호로 호프집을 차려 영업을 시작했습니다.

(2) 존경하옵는 우리 검사님!

탄원인도 남편이 직장생활을 하면서 벌어오는 수입보다는 호프집을 운영하면 수입이 좋을 것으로 믿고 친정집과 시집에서 돈을 차용하여 가게보증금을 내고 인테리어비용은 저희가 살던 아파트를 팔아 지금 사는 집으로 옮기면서 보증금 500만원에 월 50만원 주고 사글세를 살고 나머지까지 모두 호프집에 투자하게 되었습니다.

탄원인도 주방에서 일하고 남편을 도왔고 남편과 그 친구 분은 홀에서 열심히 장사를 했습니다.

남편은 장사에 경험이 없었기 때문에 호프집을 어떻게 운영해야 할지 잘 몰랐습니다.

친구 분은 장사에 경험이 많은 것 같았는데 절대 영업에 앞장을 서는 일이 없이 투자할 돈도 투자하지 않았고 운영방식은 동업이지 친구 분은 한 푼도 투자를 하지 않고 항상 가게에 놀러 오는 것 같은 느낌을 받았습니다.

친구 분은 책임감이 없었고 툭하면 남편에게 미루고 남편은 친구 분이 시키는 대로 일만하고 모든 명의는 남편의 이름으로 영업을 해왔습니다.

(3) 현명하신 검사님!

그러던 중 남편은 결국 친구 분께서 말하는 대로 영업을 하다가 미성년자를 고용하고 술을 팔았다는 이유로 남편은 구속되어 지금 조사를 받고 있고, 가게는 영업정지에 얼마가지 못해 영업허가도 취소되고 문을 닫고 말았습니다.

영업허가명의만 남편의 이름으로 되어 있지 실제 불법영업은 모두 그 친구 분께서 다했습니다.

남편은 가게에 투자한 돈은 돈대로 고스란히 다 날리고 구속되었고, 가정은 파탄지경에 이르렀고 탄원인이 어린 아이들을 대리고 살고 있는 지금 사글세방은 월세를 6개월 동안 내지 못해 집주인께서 집을 비워달라고 하고 있으므로 탄원인과 어린아이들이 머지않아 길거리로 쫓겨나게 생겼습니다.

존경하옵는 검사님께서 우리 남편의 처분결과에 따라 우리 가족의 생계가 달려있습니다.

(4) 존경하옵는 검사님!

저는 어린 아이들이 잘 무렵 24시간 영업하는 기사식당에 가서 부엌에서 아침 8시까지 일해주고 번 돈으로 아이들에게 밥을 해주면 자식들이 밥을 먹는 소리가 가장 행복한 소리로 들립니다.

비록 넉넉하지는 않았어도 아이들과 남편과 탄원인이 밥상을 마주하고 앉아 밥그릇과 수저를 부딪쳐가며 웃으며 식사하던 때 그 소리가 그립고 비우나 고우나 남편이 그렇게 보고 싶고 어린 아이들까지 이제는 남편을 그렇게 찾고 있습니다.

우리 남편은 이런 영업을 해보지 못해 아는 것이 없습니다.
제가 남편 면회를 갔는데 남편은 참회의 눈물을 흘리면서 뼈저리게 자신의 잘못을 깊이 뉘우치고 반성하고 있었습니다.

우리 부부는 이번 일로 인하여 많은 것을 깨달았습니다.
열심히 산다는 것은 행복을 꿈꾸고 행복을 기다리는 일이라고 말입니다.

(5) 은혜로우신 우리 검사님!

저의 부부는 평소 너무 시시하다고 또는 너무 흔하다고 소홀히 대하고 탐탁찮게 여겼던 순간들을 다 잊어버리고 새로운 행복을 찾아 열심히 노력하기로 다짐했습니다.

남편은 허욕으로 당치도 않은 거창한 것을 찾으려다 소중한 전 재산을 안개같이 흩어지고 무지개처럼 모두 사라지고 말았다고 한탄하고 있지만 우리 부부는 더 열심히 하면 된다고 저는 믿고 있습니다.

저는 절망하는 남편에게 식사조차 스스로 해결하지 못하고 대소변까지 남의 손을 빌려야 하는 그런 분들에 비하면 우리 부부의 역경은 아무것도 아니므로 힘내자고 용기를 주고 왔습니다.

저는 밤새도록 식당에서 일을 마치고 남편 없는 집으로 들어가면 어린 아이들에게 툭하면 잔소리를 하지만 그 잔소리가 아이들에게 살아가는 힘이 되고 축복의 응원가임을 알게 해 줄 것입니다.

(6) 존경하옵는 검사님!

우리 남편이 범한 죄는 탄원인이 봤을 때 아마 전혀 모르고 한 짓입니다.

남편은 수감장소로 찾아온 탄원인에게 그 동안 많은 것을 뉘우치고 깨닫고 반성하는 모습을 보였습니다.

정말 힘들게 생활하는 탄원인과 우리 어린 아이들 아무것도 모르고 아버지만 애타게 찾다가 흘린 눈물이 잠이 들어 말라버리는 불쌍한 아이들을 헤아려 주시고 저의 남편에게 관용을 베풀어 가족의 품으로 하루속히 보내 주시면 고맙겠습니다.

존경하옵는 검사님께서 탄원인과 불쌍한 우리 아이들을 위해 피의자에게 은전을 베풀어 주시면 이 은혜 평생 동안 가슴속에 잊지 않고 간직하고 있다가 꼭 보답하겠습니다.

(7) 자비로우신 우리 검사님!

우리 사랑하는 남편 나오면 정말 좋은 일 더 많이 하고 항상 남에게 베풀면서 우리 어린아이들 잘 키우고 행복하게 잘 살겠습니다.
간곡히 부탁드립니다.

그럼 검사님의 건강과 온 가족 모두 평강하시길 기원하겠습니다.
대단히 감사합니다.
안녕히 계십시오.

2. 소명자료 및 첨부서류

(1) 가족관계증명서	1부
(2) 월세계약서	1부
(3) 피의자의 어린 딸아이가 검사님께 드리는 편지	1부
(4) 탄원인에 대한 인감증명서	1통

○○○○ 년 ○○ 월 ○○ 일

위 탄원인 : ○ ○ ○   (인)

창원지방검찰청 ○○○검사 귀중

제5장

변론요지서

1. 변론요지서의 정의

변론이란 소송활동의 결과를 집약하여 증거에 의하여 인정되는 사실을 밝히고, 이에 대하여 적용되어야 할 법률판단을 전개하여 피고인에게 유리한 판결을 구하는 것을 말한다. 변론은 법정에서 구두로 하여야 한다.

- 변론요지서는 변론내용을 명확히 하고, 상소하여 다툴 경우에 기초자료로서도 필요하다.
- 변호인은 피고인을 위하여 유리한 변론을 하다.
- 재판장은 변론시간 제한 가능(규칙 제145조) ; 변론요지서로 갈음
- 현행법에는 원칙적으로 변론을 종결한 기일에 판결을 선고하도록 하고 있으므로(즉일선고의 원칙; 제318조의4 제1항), 변호인으로서는 이를 감안하여 변론종결이 예상되는 공판기일에 대비하여 미리 변론요지서를 작성·제출하여야 한다.

2. 변론에서 진술할 사항

공소사실을 자백(인정)하는 경우에는 사실상의 주장이나 법률상의 주장보다는 정상론이나 양형에 관한 부분이 중점이 되어야 하고, 무죄를 주장하거나 법률상의 문제를 다툴 경우에는 그 주장하고자 하는 대상에 변론의 내용이 집중되어야 한다. 따라서 개개 사건의 특성과 변론의 방향에 맞추어 적절하게 구성하여야 한다.

사소한 사실문제나 채택의 여지가 없는 법률적인 주장 등을 단순히 나열할 것이 아니라, 쟁점과 핵심을 중점적으로 파고드는 방식이 바람직하다.

가. 사실에 관한 주장

- 일반적으로 사실에 관한 주장을 함에는 검사가 제출한 증거를 탄핵하여 공소사실을 입증할 증명이 없다는 점에 초점을 두어야 하므로 법정에 제출된 증거를 요약하고 이에 기한 판단을 제시할 필요가 있다. 즉 피고인에게 유리한 증거의 신빙성을 명백히 하고 이에 기한 사실의 구성을 밝히고, 불이익한 증거의 신빙성을 탄핵하고 그 내용에 대하여 합리적인 의심을 갖도록 설시하여야 한다.

- 증거에 대한 가치판단과 증거의 종합판단에 의하여 추인될 수 있는 사실을 주장하여야 하고, 주관적 의견이나 억측을 주장하는 것은 무의미하며, 다른 주장에 대한 신뢰성도 의심받을 수 있으므로 피해야 한다.

  * 증거의 개관→증거사실의 요지→증거능력 여부→증명력 판단

나. 법률상의 주장

- 무죄, 정당방위·정당행위·긴급피난, 고의·과실, 심신장애, 미수·방조, 자수 등에 관한 법률론, 전문법칙이나 자백의 임의성 등 증거법상의 제 문제 등

- 증거에 의하여 인정되는 구체적 사실을 토대로 엄격한 법적 논리 전개

다. 정상에 관한 주장(정상론/정상관계)

- 범죄정상: 범죄의 동기, 범행의 수단·방법·태양, 결과발생의 유무·정도·태양, 공범관계, 피해자 측의 사정이나 행동, 사건의 사회적 배경과 사회에 미친 영향, 범행 후 피고인의 행동

- 일반정상: 피고인의 나이·학력·경력·건강상태, 직업, 전과, 수입과 재산, 가정환경과 성장환경, 생활상황, 가족관계와 보호자의 유무, 개전의 정의 유무와 정도, 합의여부(피해변상 여부와 그 노력 정도, 피해자의 의사), 재범가능성의 유무 등

- 정상에 관한 주장도 사실에 관한 주장과 같은 정도의 엄격한 증거
  는 아니더라도 적어도 '자유로운 증명'에 의하여 입증될 수 있는 객
  관적 근거를 갖추어야 한다.
- 양형에 관한 의견: 아주 부당한 검사의 구형 반박, 일정한 형이 피
  고인에게 중대한 의미

3. 변론요지서 작성방법

법원이 해당기록을 찾아 확인·대조하지 않더라도 변론요지서만 보면 변
호인이 무엇을 말하는지 이해할 수 있도록 근거를 제시하면서 구체적으
로 기술한다.

판결서 문체(문투) 사용 엄금: …라고 주장하므로 살피건대, 위 인정사실
에 의하면, …라는 주장은 받아들일 수 없다 등등

1) 문서의 표제, 사건(사건번호와 사건명), 피고인의 성명, 변호인의 기
   명·날인, 제출법원
- 소송절차 내에서 제출하는 서류로서 별도로 법원의 재판을 구하지 않
  는 일반양식. 따라서 사건번호, 사건명(죄명), 피고인의 성명만 기재
  하여 사건을 특정하면 족하다.
- 보석청구는 보석허가결정을 구하는 별도의 재판이므로 주민등록번호,
  주거, 등록기준지 등을 기재하여야 하는 것과는 다르다.

2) 공소사실의 요지
- 여러 개일 경우에는 공소사실별로 구별하거나 포괄하여 서술 여부를
  결정한다.
- 공소사실 검토 철저, 공소사실에 없는 내용을 쟁점화해서는 안됨.

3) 피고인의 변명(주장) 요지 ; 이사건(공소사실)에 대한 피고인의 입장

- 부인 또는 시인(자백)하는 부분과 변명요지를 기재한다.

- 구체적으로 공소사실에 부합하는 증거 및 신빙성 판단(공소사실에 대한 사실관계/증거관계의 검토)을 할 때는 4)·5)·6)은 중복되지 않게 기술하거나 생략이 가능하다.

4) 이 사건의 경위 ; 피고인의 주장, 피고인측 증인의 진술, 기타 피고인에게 유리한 증거를 주장하여 구성

5) 사실상의 주장(사실론/사실관계)

- 일반적으로 법률상의 주장과 나누어 설명하는 것이 좋으나, 위법성조각사유나 책임조각사유의 존재를 주장하는 경우 등과 같이 법률론과 함께 전개하는 편이 효과적일 때가 있다.

- 사실관계에 관한 주장을 명확하게 하기 위하여 증거를 인용할 필요가 있을 경우에는 인용하는 부분을 적시한다.(예: 증인 김갑동의 법정에서의 진술(기록 몇 쪽), 검사작성의 피고인에 대한 제1회 피의자신문조서(기록 몇 쪽) 등)

6) 법률상의 주장(법률론/법률관계)

7) 정상에 관한 주장(정상론/정상관계)

8) 예비적 주장: 주위적으로 정당방위, 예비적으로 과잉방위/주위적으로 무죄, 예비적으로 정상관계 설득력이 떨어지는 예비적 주장을 남발하는 것은 변론의 방향성을 잃으므로 지양해야 한다.
예비적 주장을 명시적으로 할 것인가는 개개의 사건에 따라 신중하게 검토하여야 한다. 주위적 주장에 큰 비중을 두어야 할 경우라면

명시적으로 예비적 주장을 하지 말고, 예비적 주장으로 하고 싶은 부분을 사실상의 주장이나 법률상의 주장 부분에서 적절하게 부가해 두는 것이 좋다.

9) 검사의 의견진술에 대하여는 구체적으로 충분히 변론한다(따로 언급하지 않고, 5)·6)·7)에서 주장하는 것도 가능하다).

10) 결론
- 변호인이 변론에서 주장하는 요지가 무엇인지 명확히 밝히는 것을 말한다.
- 양형에 관한 의견이나 예비적 주장이 있을 경우, 결론과 관련하여 언급하는 것이 적절한 경우도 있다.

변 론 요 지 서

사　　건 : ○○○○고단○○○○ 절도

피 고 인 : ○ ○ ○ (주민등록번호)

위 사건에 관하여 피고인의 변호인은 다음과 같이 변론합니다.

- 다　　음 -

1. 공소사실의 요지

이 사건 공소사실의 요지는, 피고인은 2018. 11. 11. 23:00경 서울 광진구 대학로 자양사거리 부근 주점 '고독'에서 술을 마시고 술값을 계산하던 중 그 곳 계산대에 놓여 있는 피해자 이피해 소유의 휴대전화기와 현금 55만 원이 들어 있는 지갑을 넣어 둔 쇼핑백을 들고 가서 절취하였다는 것입니다.

2. 피고인의 변명

피고인은 돈 5만 원을 절취한 부분에 관하여는 시인하고, 나머지 부분에 관하여는 술에 취하여 기억이 나지 않는다는 것입니다.

3. 이 사건의 경위

가. 피고인은 평소 사귀던 애인 황당애가 헤어지자고 하여, 2018. 11. 11. 20:00경부터 20:00경까지 사이에 서울 광진구 대학로 자양사거리 부근 술집에서 술을 마셨습니다.

나. 평소 주량은 소주 1병인데, 이 날을 마음이 울적하고 황당애를 설득하려고 500ml 양주 2병을 시켜, 피고인이 약 1병반을 마시고 황당애가 나머지 반병 가량을 마셨습니다.

다. 술값을 계산하려고 할 때 황당애가 화장실에 다녀온다고 하면서 자리를 뜨자, 술값을 계산하였는데, 작은 쇼핑백이 있어 황당애의 것인 줄 알고 들고 나왔다는 것입니다(이 부분은 이 사건 조사 시 얼핏 기억이 난다고 진술하였습니다.)

라. 황당애가 밖으로 나오자 같이 근처 모텔로 간 것까지는 기억이 나는데 그 이후는 기억이 나지 않는다는 것입니다(황당애의 진술에 의하면 피고인이 수표로 여관비를 계산하고, 방에 들어와 1회 성관계를 하고는 그대로 곯아 떨어졌다는 것입니다).

마. 눈을 떠보니 다음 날 11시쯤 되었고 황당애는 그 자리에 없었으며, 침대 옆에 웬 쇼핑백이 있어 보니까 그 안에 여자용 지갑과 휴대폰이 있었습니다.

바. 황당애가 놓고 간 것으로 알고 휴대폰을 열자 "이 핸드폰을 소지하고 있는 분은 연락바람"이라는 문자가 3개 와 있어, 당황하여 급히 닫고, 지갑 안을 보니까 신용카드 2장과 1만 원짜리 5장이 들어 있어 돈만 꺼내고, 휴대폰과 지갑을 그대로 둔 채 여관을 나왔던 것입니다.

사. 2018. 11. 13. 쉬는 날이어서 집에서 점심을 먹고 텔레비전을 보고 있는데, 14:00경 광진 경찰서 형사라는 사람에게서 조사할 것이 있다고 위 경찰서 형사계로 나와 달라고 하여 갔더니, 절도죄로 긴급체포한다고 하면서 절취사실을 진술하라고 하였습니다.

아. 조사 받을 때 위와 같은 내용을 진술하였습니다.

4. 법률상의 주장(법률관계)

가. 긴급체포의 위법성
긴급체포는 영장주의원칙에 대한 예외인 만큼 형사소송법 제200조의3 제1항의 요건을 모두 갖춘 경우에 한하여 예외적으로 허용되어야 하고, 요건을 갖추지 못한 긴급체포는 법적 근거에 의하지 아니한 영장 없는 체포로서 위법한 체포에 해당하는 것이고, 여기서 긴급체포의 요건을 갖추었는지 여부는 사후에 밝혀진 사정을 기초로 판단하는 것이 아니라 체포 당시의 상황을 기초로 판단하여야 하고, 이에 관한 검사나 사법경찰관 등 수사주체의 판단에는 상당한 재량의 여지가 있다고 할 것이나, 긴급체포 당시의 상황으로 보아서도 그 요건의 충족여부에 관한 검사나 사법경찰관의 판단이 경험칙에 비추어 현저히 합리성을 잃은 경우에는 그 체포는 위법한 체포라 할 것입니다(대법원 2006. 9. 8. 선고 2006도148 판결). 피고인은 경찰에서 조사할 것이 있다고 하여 자진출석하였는데 조사를 하기 전에 긴급체포를 하고 진술을 하라고 하였으므로 조사 후 영장을 청구하는 사이에 도망할 염려가 있거나 증거를 인멸할 염려가 있는 판단을 할 수 없는 상태이고, 또한 이미 증거가 다 확보된 상태이므로 위와 같은 피고인에 대한 긴급체포는 위법하다고 할 것입니다.

나. 심신미약
피고인의 평소 주량은 소주 1병인데 이 사건 당시 피고인은 양주 1병반을 마셔 만취하였고, 이 점은 공소외 황당애의 진술에 의해서도 뒷받침되고 있습니다. 따라서 피고인은 이 사건 당시 심신장애로 인하여 사물을 변별할 능력이나 의사를 결정할 능력이 미약한 상태에 있었다고 할 것이므로 형법 제10조 제2항의 규정에 의하여 형이 감경되어야 할 것입니다.

5. 정상에 관한 주장(정상관계)

가. 피고인의 반성

피고인은 직장을 다니면서 정상적인 생활을 해왔으며, 이 사건도 취중에 빚어진 것으로, 일부 사실을 시인하고 잘못을 뉘우치고 있습니다.

나. 전과관계

피고인에게는 동종 전과가 1회 있으나 그 내용을 살펴보면, 13년 전 고등학생일 때 친구들과 우발적으로 범행한 것으로, 그 후에는 어떠한 전과 없이 직장에 들어가 건전한 사회생활을 해왔습니다.

다. 합의문제(합의에 관하여)

피고인은 잘못을 사과하면서 가져간 돈의 2배인 10만원을 주고 합의하려고 했는데, 피해자는 지갑 안에는 55만원이 있었으므로 55만원이 아니면 합의해 줄 수 없다고 하였습니다. 피해자 요구대로 돈을 주고 합의를 할 수도 있었으나, 그러면 더 큰 범죄를 인정하게 되어 처벌을 더 받을 것 같아 그러지 못했습니다.

라. 피고인의 회사는 집행유예 이상의 형을 선고받으면 해고하도록 되어 있습니다.

마. 피고인의 애인 황당애도 이 사건이 자기 때문에 발생한 것으로 생각하여 괴로워하면서 피고인과 다시 사귀고 결혼까지도 하려고 합니다.

6. 결론

이와 같이 피고인은 이 사건에 관하여 일부 범의가 없었고, 설령 범죄사실 전부가 유죄로 판단하시더라도 모든 사정을 참작하여 회사에 다니면서 사회생활을 할 수 있도록 최대한의 관용을 베풀어 주시기 바랍니다.

○○○○ 년 ○○ 월 ○○ 일

피고인의 변호인

변호사 명변호 (인)

서울동부지방법원(형사제5단독) 귀중

변 론 요 지 서

사   건 : 2015노○○○○
피 고 인 : ○ ○ ○ (주민등록번호)

위 사건에 관하여 피고인의 변호인은 다음과 같이 변론합니다.

- 다   음 -

1. 원심판결의 요지

원심법원은 피고인이, ① 2014. 10. 13. 경 피고인의 집에서 피해자 정
○○의 머리채를 잡아 흔들고, 주먹으로 피해자의 얼굴을 수회 때리고,
발로 피해자의 몸을 수회 걸어차고, 깨진 맥주병을 피해자의 얼굴 쪽으
로 들이대며 피해자에게 "죽여 버리기 전에 똑바로 얘기해라"고 주먹
으로 피해자의 얼굴을 수회 때리고 피해자의 몸을 수회 걸어차 피해자
에게 치료일수 미상의 안면타박상을 가하고, ② 2015. 2. 10. 피해자의
주거지에서 나무젓가락으로 피해자의 머리, 다리, 몸통을 수회 찌르고,
주방에 있던 위험한 물건인 과도를 가지고 피해자에게 "너 죽을래? 같
이 죽을까?"라고 하며 과도 끝으로 피해자의 왼쪽 귀밑, 목 및 허벅지
안쪽 부위를 7~8회 찔러 약 10일 간의 치료를 요하는 머리 부분의 표
재성 손상 등을 가하였다는 각 공소사실에 대하여 진단서, 각 사진, 피
해자의 진술을 근거로 피고인의 범죄사실을 모두 인정하여 피고인에게
징역 1년 6월을 선고하였습니다.

그러나 아래에서 보는 바와 같이, 피고인은 2014. 10. 13. 자 폭행과 관련하여서는 피해자와 말다툼을 하다가 오피스텔 벽을 향해 맥주병을 던진 사실이 있으나 주먹과 발로 피해자의 얼굴 부위와 가슴을 수회 때린 사실도 없고, 깨진 맥주병으로 위협한 사실이 없으며, 2015. 2. 10. 자 폭행과 관련하여서는 피해자와 다투다가 나무젓가락으로 피해자의 신체를 몇 차례 찌른 사실이 있지만, 과도를 이용하여 피해자의 신체를 찌른 사실이 없다고 할 것입니다.

2. 사건 발생 직후 피해자의 태도

가. 2014. 10. 13. 자 폭행 직후 피해자의 태도

1) 항소 이유서의 기재와 같이 피해자가 피고인으로부터 전신을 폭행당하고 심지어 깨진 맥주병으로 위협을 당하였다면, 피해자는 공포에 휩싸여 당시 찾아간 김○○에게 구조를 요청했어야 할 것인데 피해자는 김○○과 태연하게 함께 술을 마셨고, 오히려 사건 당일 다음날 피고인과 경남 통영과 부산일대로 여행을 떠나기까지 하였습니다.

2) 여행을 다니는 동안 피고인과 피해자는 여느 부부와 다름없이 다정하게 여행하며 케이블카도 타고 핸드폰으로 다정한 모습의 사진을 찍으며 함께 추억을 만들었습니다.

나. 2015. 2. 10. 자 폭행 직후 피해자의 태도

1) 피고인이 피해자의 왼쪽 허벅지 안쪽을 과도로 찔렀다면, 피해자는 사건 당일 피해자의 집에 방문한 작은 어머니에게 이러한 사실을 알리고, 병원이나 약국에서 치료를 받았어야 할 것인데, 피해자의 작은 어머니 양○○가 이 사건 당일 피해자의 집에 찾아 왔으나, 피해자가 과도로 찔린 부분을 보지도 않았고, 피해자나 피해자의 작은 어머니

는 병원에 가서 피해자를 치료한 적도 없으며, 약국에서 약을 구입하여 치료한 적도 없다고 진술하고 있습니다.

2) 오히려 양○○는 다음날 찾아온 피고인에게 식사를 차려주었고 작은 아버지 잔칫날에 피해자와 피고인이 함께 참석하였는바, 피고인이 피해자를 과도로 찔렀다면, 피해자 또한 피고인과 함께 잔치에 참석하여 손님들을 맞이할 수도 없었을 것입니다.

3) 당시 칠순잔치에 피고인의 지인 김◇◇도 함께 참석하였는데, 당시 피고인이 김◇◇을 위 칠순잔치에 부른 이유는 관련 사건의 변호사 선임료를 빌리기 위함이었습니다. 피고인은 김◇◇에게 피해자를 자신의 부인이라고 정식으로 소개하였고 비록 김◇◇이 변호사 비용을 빌려달라는 피고인의 요구는 거절하였으나 그 자리에서 피고인, 피해자, 김◇◇은 한 시간 가량 함께 이야기를 나누었습니다.

4) 위 칠순잔치에 함께한 김◇◇은 당시 피해자가 올림머리를 하고 있어 피해자의 목이나 얼굴 부분을 볼 수 있었는데, 얼굴이나 목 등에 전혀 상처가 없었고, 피해자가 거동이 불편한 기색 없이 아주 밝은 모습으로 대화를 함께 나누었다고 진술하고 있습니다(증 제2호증 사실확인서 참조). 피해자의 진술처럼 피해자가 피고인으로부터 과도로 위협을 당하고 허벅지, 귀밑 등에 상해를 입었다면 피해자는 육체적으로 고통스러운 상황이었고 피고인에 대한 공포심이 컸을 것인바, 태연하게 피고인을 친척의 칠순잔치에 초대하고 피고인의 지인인 김◇◇과 밝은 표정으로 한시간 동안이나 대화를 하지 아니하였을 것입니다.

다. 피고인이 체포된 이후 피해자의 접견
　　피고인이 피해자의 허위신고로 인하여 2015. 3. 5. 경찰에 긴급체포되자, 피해자는 2015. 3. 25, 같은 달. 28, 같은 해. 4. 2, 같은 달. 4, 같은 달. 6, 같은 달. 8, 같은 달. 14, 같은 달. 15, 같은 달. 20

등 피고인의 동생 최○○과 합의금 등의 문제로 다툼이 있기 전까지 총 9차례 접견을 하며 서로 여보, 당신이라고 호칭하고 피고인이 나올 때까지 피고인을 기다리겠다고 하며 피고인의 건강을 염려하여 약이나 영치품을 넣어 주는 등 피고인을 극진히 대하였습니다(참고자료 1 2015. 10. 7. 자 사실조회회신, 참고자료 2 판매물 영수증 각 참조). 피해자가 피고인으로부터 흉기 등으로 협박을 당하고 거동할 수 없을 정도의 상해를 입었다면 피해자는 피고인에 대한 두려움으로 피고인과의 관계를 단절하고 피고인과 연락을 취하지 않는 것이 경험칙에 부합하는 일이라고 할 것인데, 피해자는 오히려 피고인이 체포된 이후 9차례나 접견을 와 서로 여보, 당신이라고 호칭하며 피고인의 건강을 염려하여 약을 넣어주려 하고, 영치품을 넣어주는 행위를 하였는바, 이러한 피해자의 행위는 도무지 거동할 수 없을 정도의 큰 상해를 입은 자의 행위라고 볼 수 없다고 할 것입니다.

3. 피해자의 허위 신고의 가능성

가. 위에서 보는 바와 같이 피해자는 피고인이 체포된 이후 2015. 3. 25, 같은 달. 28, 같은 해. 4. 2, 같은 달. 4, 같은 달. 6, 같은 달. 8, 같은 달. 14, 같은 달. 15, 같은 달. 20 등 총 9차례 접견을 하며 서로 여보, 당신이라고 호칭하며 피고인이 나올 때까지 피고인이 기다리겠다고 하며 피고인의 건강을 염려하여 약이나 영치품을 넣어주는 등 피고인을 극진히 대하였습니다(참고자료 1 2015. 10. 7. 자 사실조회회신, 참고자료 2 판매물 영수증 각 참조).

나. 나아가 피고인의 피해자의 구체적인 대화내역을 보면 피해자는 피고인을 당신이라고 칭하며 친근감을 표시하고 피고인의 건강 등을 염려하면서도 피고인이 자신을 두고 다른 여자와 관계를 하는 등 바람을 피운 것에 대해 지속적으로 원망하는 것을 볼 수 있습니다.

다. 즉 2015. 3. 25. 자 접견에서 피고인과 피해자는 서로 여보 당신이
라고 칭하며 서로 울먹이며 안부를 묻고, 다만 피해자는 피고인이
자신을 두고 어떻게 바람을 피우냐며 피고인을 원망하고 있습니다
(2015. 10. 7. 자 사실조회 회신 중 2015. 3. 25.자 피고인과 피해
자 접견내역 녹음 참조). 또한 같은 달. 28. 자 대화내역도 서로 안
부를 물은 후, 피해자는 피고인이 바람피운 것을 다시 원망하고, 자
신은 절대 바람을 피운 적이 없다며 억울함을 호소하고 있습니다.
같은 해. 4. 2.자 대화내역은 피해자가 피고인의 요구한 약을 가지
고 오려 하였으나 처방전이 없어 다음에 가지고 오겠다며 피고인의
건강을 염려하였습니다(2015. 10. 7.자 사실조회 회신 중 2015. 3.
28. 자, 2015. 4. 2. 자 각 피고인과 피해자 접견내역 녹음 참조).

이후 같은 달. 8.에는 피해자가 피고인의 지인으로부터 피고인이 도
우미 등 여러 여자와 성관계, 유사성행위 등을 하며 바람을 피우고,
피고인의 지인에게 자신을 성매매를 하는 '갈보년'이라고 표현했다
고 들었는데, 어떻게 자신을 그렇게 지인에게 표현하며 또 자신을
두고 도우미 등 여성을 만날 수 있냐며 피고인을 원망하는 모습을
보였습니다. 이후 피고인을 마지막으로 접견한 같은 달. 20.에도 자
신을 어떻게 지인에게 '화냥년'이라고 표현하냐며 피고인을 원망하
고 자신의 몸은 깨끗하니 피고인이 나올때까지 기다리겠다고 하였습
니다(2015. 10. 7.자 사실조회 회신 중 2015. 4. 8.자, 2015. 4. 20.
자 각 피고인과 피해자 접견내역 녹음 참조).

이상과 같이 피해자와 피고인의 접견내역은 대부분 마치 부부처럼
서로 여보·당신이라고 호칭하며 피고인의 안부를 걱정하고, 또 피해
자가 피고인의 복잡한 여자관계를 원망하고 자신은 바람피운 적이
없다며 억울함을 호소하며 피고인을 기다리겠다는 내용입니다. 피고
인이 피해자를 흉기 등을 이용해 폭행하고 상해를 가하여 피해자가
거동조차 불편한 상황이었다면 피해자는 피고인을 여러 차례 접견하
여 마치 부부처럼 여보·당신이라는 호칭을 쓰고 피고인의 바람을 피

운 사실을 원망하는 행위를 하지 아니하였을 것입니다. 더불어 피해자는 피고인과 접견하며 위와 같이 피고인의 여자관계를 여러 차례 원망하고 자신은 바람피운 사실이 없다며 억울함을 호소하고 피고인을 기다리겠다고 하였고, 이 사건 각 폭행이 피고인과 피해자가 서로 바람을 피웠다는 의심으로 인해 싸우는 과정에서 발생한 것인바, 이러한 사정에 비추어 피해자는 피고인이 바람을 피운 사실이 원망스러워 피고인의 버릇을 잡겠다는 의지로 피고인에 대해 고장하여 허위신고를 할 가능성도 있다고 할 것입니다.

라. 나아가 항소이유서의 기재와 같이, 피해자는 노래방을 처분하였으나 그 처분이 취소되어 돈을 반환할 상황에 처해있어 급전이 필요하자 남편이라고 믿고 의지하던 피고인의 복잡한 여자관계를 이번 기회에 정리하고 더불어 피해자 가족으로부터 합의금 명목으로 돈을 받아 노래방 문제를 해결하기로 마음 먹고, 피고인과 피해자가 애정문제로 단순히 다투었음에도 불구하고, 피고인이 피해자를 깨진 맥주병, 과도 등 흉기를 이용하여 상해를 가하였다는 허위사실을 신고하였을 가능성도 크다고 할 것입니다.

4. 피해자의 증거인멸 및 직접적인 증거의 부재

가. 2014. 10. 13.자 폭행이 발생한 직후 위와 같이 피고인은 사건 다음 날 피해자와 여행을 가, 함께 사진을 찍으며 다정한 시간을 보냈습니다. 피고인과 피해자가 함께 찍은 사진은 이 사건으로 압수되었던 핸드폰에 보관되어 있어, 피해자의 주장처럼 전신을 폭행당해 거동조차 할 수 없었다면 핸드폰에 저장되어 있는 피해자의 사진에 그 상해의 흔적이 있어야 할 것으로 위 핸드폰에 저장된 사진은 피고인의 무죄를 입증할 중요한 증거 사진이라고 할 것입니다. 이에 피고인은 수사기관이 피해자에게 반환한 피고인의 위 핸드폰의 반환을 요구하였으나, 피해자는 분실하였다는 핑계를 대며 핸드폰을 반환하지 않고 있는바, 피해자는 위 핸드폰 사진이 공개되는 경우 자신이

피고인을 무고한 것이 발각될 것을 우려해 핸드폰이 분실되었다는 핑계를 대며 반환하지 않고 있을 가능성이 크다고 할 것입니다.

나. 또한, 2015. 10. 13.자 폭행과 관련하여 피고인이 과도를 이용하여 피해자의 왼쪽 허벅지 안쪽을 찔렀다면 직접적으로 범행에 사용된 과도가 발견이 되고 그 과도에 피해자의 혈흔 등이 있어야 할 것입니다. 그러나 이 사건 범행에 사용되었다는 과도는 소재불명인바, 범행에 사용되었다는 직접적인 증거가 없는 상황이라고 할 것입니다.

다. 뿐만 아니라 피해자는 피고인이 과도를 이용하여 왼쪽 허벅지를 칼로 찌를 당시 피해자가 입고 있던 청바지를 관통하였다고 진술하고 있는바, 그렇다면 과도로 관통당하여 피해자의 혈흔이 있는 당시 입고 있던 피해자의 청바지를 증거로 제출하여야 할 것인데, 피해자는 위 청바지를 전혀 증거로 제출하지 못하였고 수사기관에서도 이를 확보하지도 않았습니다.

5. 진단서의 신빙성 결여

가. 위에서 보는 바와 같이 흉기 등을 이용해 피해자를 위협하고 상해를 가하였다는 것에 대한 직접적인 증거는 전혀 없는 상황이고, 오로지 일관되지 않는 피해자의 진술만이 있는 상황입니다. 오히려 피고인의 무죄를 입증해줄 함께 여행을 가서 찍은 사진이 보관되어 있는 핸드폰은 피해자가 분실을 핑계로 증거로 제출하지 않고 있고, 과도로 찔렸다는 청바지조차 피해자는 제출하지 않고 있습니다. 이에 대하여 원심법원은 진단서의 기재를 유력한 증거로 인정하였으나, 항소이유서의 기재와 같이 진단서는 피해자의 상해를 입증할 유력한 증거가 되지 못합니다.

나. 즉 피해자는 피고인이 과도를 이용하여 피해자의 왼쪽 허벅지 안쪽을 찔렀다는 것인데, 그렇다면 이는 칼에 찔린 상처, 즉 자상으로

상해진단서에 기재가 되었어야 할 것인데, 상해진단서에 자상이라고 피해자의 상병이 구체적으로 기재되어 있지 아니합니다. 더불어 피해자의 상해가 칼에 찔린 상처라면 상처부위의 감염을 우려해 항생제 등의 투약조치를 취해야 할 것인데, 항생제 등의 투약 조치가 전혀 없을 뿐만 아니라, 이 사건 사건발생일은 2015. 2. 10.임에 반하여 상해진단서의 상해발생일을 같은 달. 12로 기재하였을 뿐만 아니라, 더불어 과도로 인해 상해를 입었다면 그 상황의 중대성으로 인해 즉시 병원으로 찾아가 치료를 받아야 할 것인데, 피해자는 사건이 발생한 후 3일이나 지나 병원을 찾아가 상해 진단서를 발급받았는바, 위 상해진단서는 신뢰할 수 없다고 할 것입니다.

6. 정황상 2015. 2. 10.자 상해부위는 발생할 수 없는 부위입니다.

가. 항소이유서의 기재와 같이 당시 피고인은 왼손을 다쳐 왼손을 제대로 사용할 수 없어 피고인이 과도를 이용하여 피해자의 허벅지를 찔렀다면 오른손을 사용하였어야 할 것인데, 오른손을 사용하였다면 그 각도상 피해자의 왼쪽 안쪽을 찌르는 것이 사실상 불가능하다고 할 것이고, 더욱이 피해자의 진술에 의하면 피고인으로부터 심한 폭행을 당하여 다리를 모아 움츠리고 있었다고 하는바, 피고인이 다리를 모아 움츠리고 있는 피해자 왼쪽 허벅지 안쪽을 과도로 찌르는 것은 더욱 어렵다고 할 것입니다.

나. 뿐만 아니라, 피고인이 과도를 들고 피해자를 찌르려고 하였다면 본능적으로 피해자는 겁에 질려 극렬하게 저항하거나 피하는 행동을 하였을 것인데, 그러한 상황에서 피고인이 피해자의 발을 빌리도록 하여 피해자의 왼쪽 허벅지 안쪽 부위를 정확히 찌르는 것은 사실상 불가능하고, 또한 술에 취한 피고인이 겁에 질려 저항하는 피해자의 귀밑부분을 정확하게 여러 차례 피해자의 진술처럼 여러 차례 정확히 찌르는 것은 사실상 불가능합니다.

다. 나아가 피해자는 옆으로 몸을 비튼 상태에서 이렇게 움츠렸다고 진술하였는바, 피해자가 위와 같이 몸을 옆으로 비튼 상태에서 움츠렸다면, 피고인이 피해자의 왼쪽과 오른쪽 허벅지 안쪽부위를 위치를 바꾸어 가면서 여러 차례 찔렀다는 것인데, 이는 사실상 불가능하다고 할 것입니다. 또한 피고인이 반대로 쥐고 있던 과도가 피해자를 향하지 않은 상태에서 피해자의 목 부위와 귀 밑 부위를 정확히 찌르는 것도 물리적으로 불가능합니다.

7. 기타 정상관계

가. 피고인의 반성

피고인은 피해자를 평생을 함께 할 배우자로 생각하였기에 가족들에게 피해자를 배우자로 소개하며 다정하게 지냈습니다. 다만 피고인과 피해자는 서로 애정이 깊었던 탓인지 서로의 남녀관계를 의심하며 다투기 시작하였습니다. 이 사건의 경우도 서로 남녀관계를 의심하며 다투었으나, 피고인은 결코 깨진 맥주병으로 피해자를 위협하여 상해를 가하거나, 과도로 피해자를 찌른 사실이 없습니다. 그럼에도 불구하고 무슨 이유인지 피해자는 피고인이 흉기 등을 이용해 피해자에게 상해를 가하였다며 허위신고를 하였고 피고인은 그로 인해 구속되기까지 하였습니다.

그러나 이 모든 것이 피고인이 피해자에 대한 애정이 깊어 피해자의 남자문제를 의심해서 발생한 것으로 신중하지 못하게 행동한 피고인의 탓인바, 피고인은 이러한 점을 깊이 반성하며, 그로인해 상처를 받은 피해자와 피해자의 가족에게 사죄를 구할 뿐입니다.

나. 상해의 정도

설령 피고인에게 이 사건 각 공소사실이 모두 인정된다고 하더라도, 피해자의 상해의 정도는 치료일수 미상의 안면 타박상, 약 10일 간의 치료를 요하는 머리 부분의 표재성 손상 등으로 일상생활을 하는

데 큰 지장이 없다고 할 것으로 상해의 정도가 중하지 아니하다고 할 것인바, 이러한 사정을 참작하여 주시기 바랍니다.

다. 노모의 건강악화

이 사건으로 인해 피고인의 노모는 큰 정신적 충격을 받아 건강이 악화되었으나 오로지 피고인만을 걱정하며 노심초사하고 있습니다. 피고인은 장기간의 도주생활, 또 이 사건으로 인해 노모에게 불효를 한 것이 한없이 죄송스러울 뿐입니다. 이제 피고인은 다시는 범죄를 저지르지 않고 출소 후 노모를 모시며 성실히 살아갈 것을 다짐하고 있는바 이러한 사정을 참작하여 주시기 바랍니다.

8. 결론

항소이유서의 기재와 같이, 이 사건 각 공소사실의 유일한 직접적인 증거인 피해자의 진술은 모두 모순되거나 일관되지 아니하여 신빙성이 없다고 할 것이고, 직접적인 증거인 과도나 청바지 또한 증거로 제출되어 있지 아니하여 피해자 진술의 진실성을 담보할 수 없으며, 그 상해 진단서 또한 과도로 인해 발생한 상해인지 여부조차 알 수 없습니다.

또한 피고인으로부터 흉기 등으로 위협을 당하고 거동이 불편할 정도의 상해를 입었다는 피해자는 사건 당일 다음날 피고인과 경남 통영과 부산 일대로 다정하게 여행을 다녀오고, 자신의 친척 칠순잔치에 피고인을 초대하여 피고인의 지인과 다정하게 대화를 나누었고, 그 과정에서 피고인의 지인은 피해자의 상해의 흔적을 전혀 찾아볼 수 없다고 진술하고 있는바, 이러한 피해자의 사건 직후의 태도는 도무지 극도의 폭행을 당해 상해를 입은 피해자의 모습이라고 볼 수 없습니다. 더불어 피해자는 피고인이 체포된 직후 9차례나 접견을 와 서로 여보, 당신이라고 호칭하며 피고인의 건강을 염려하여 약을 넣어주려 하고, 영치품을 넣어주는 행위를 하였습니다.

나아가, 피해자는 피고인과 접견하며 피고인의 여자관계를 여러 차례 원망하고 자신은 바람피운 사실이 없다며 억울함을 호소하고 피고인이 출소하기를 기다리겠다고 한 점, 항소이유서의 기재와 같이 피해자는 노래방을 처분하였으나 그 처분이 취소되어 돈을 반환할 상황에 처해있어 급전이 필요하였던 점 등에 비추어, 남편이라고 믿고 의지하던 피고인의 복잡한 여자관계를 이번 기회에 정리하고 더불어 피해자 가족으로부터 합의금 명목으로 돈을 받아 노래방 문제를 해결하기로 마음먹고, 피고인과 피해자가 애정문제로 단순히 다투었음에도 불구하고, 피고인이 피해자를 깨진 맥주병, 과도 등 흉기를 이용하여 상해를 가하였다는 허위사실을 신고하였을 가능성이 크다고 할 것입니다.

더욱이 피고인과 피해자가 여행을 가 함께 찍은 사진은 이 사건으로 압수되었던 핸드폰에 보관되어 있어, 피해자의 주장처럼 전신을 폭행당해 거동조차 할 수 없었다면 핸드폰에 저장되어 있는 피해자의 사진에 그 상해의 흔적이 있어야 할 것으로 위 핸드폰에 저장된 사진은 피고인의 무죄를 입증할 중요한 증거 사진이라고 할 것인데, 피해자는 분실을 핑계 삼아 핸드폰을 공개하지 않고 있는바 피고인은 이 점이 더욱 억울할 뿐입니다.

이러한 사정에 비추어 이 사건 공소사실 중 피고인은 깨어진 맥주병을 휴대하여 피해자에게 상해를 가하거나, 과도를 이용하여 신체에 상해를 입힌 사실이 없는바 위 각 공소사실에 대해서는 무죄를 선고하여 주시기 바라며, 설령 피고인에게 유죄가 인정된다고 하더라도 피고인이 피해자와 다투다가 상해를 입힌 것에 대해 깊이 반성하고 있고, 피해자의 상해의 정도가 중하지 아니한 점, 피고인의 노모가 건강이 악화된 점 등에 비추어 원심에서 선고한 징역 1년 6월은 중하다고 할 것인바, 이러한 사정을 참작하시어 관대한 처벌을 하여 주시기 바랍니다.

○○○○ 년 ○○ 월 ○○ 일

위 피고인의 변호인

법률사무소 ○○

담당변호사 박 ○ ○

담당변호사 채 ○ ○

인천지방법원 제2형사부 귀중

변 론 요 지 서

사   건 : 2015노○○○○ 업무방해

피 고 인 : ○ ○ ○ (주민등록번호)

위 사건에 관하여 피고인은 다음과 같이 변론요지를 진술합니다.

- 다   음 -

1. 공소사실의 요지

피고인에 대한 이 사건 공소사실의 요지는, 피고인은 20○○.○○.○○. 00:30경 ○○시 ○○구 ○○길 ○○ 소재 피해자 ○○○ 운영의 ○○병원 1층 로비에서, 위 병원측에서 피고인에게 불친절하게 대하였다는 이유로 그곳 원무과 안내데스크 위에 있는 진료 기록함에 머리를 4,5회 들이받고 심한 욕을 하면서 위 병원 직원인 공소외 ○○○ 등에게 주먹을 휘두르는 등 약 30분간 행패를 부려 위력으로써 위 병원 업무를 방해하였다는 것입니다.

2. 피고인에 대한 정상

가. 이 건 범행 경위

1) 피고인은 10여년 전 처가 위암으로 사망하기 전까지는 가방을 제조하

는 조그마한 공장을 운영하며 두 딸을 키우는 평범한 가장이었습니다. 그러던 중 피고인의 처가 위암판정을 받고 투병하였고 피고인은 전 재산을 처의 병원비에 투자하였습니다. 그러나 피고인의 처는 피고인과 5세, 2세 된 두 딸만을 남긴 채 사망하였습니다.

2) 처가 사망한 후부터 피고인은 자신의 처지를 비관하여 거의 매일 술을 마시며 지냈습니다. 자살을 결심하고 또 실행에 옮긴 것도 한 두 번이 아니었습니다. 다만, 어린 두 딸들을 생각하여 모질게 세상을 떠나지를 못했던 것입니다.

3) 그렇게 술과 어린 두 딸만을 의지하며 10여 년 살아온 피고인에게 남은 것은 현재 국민기초생활수급자로서 국가에서 매월 30여 만원씩 나오는 돈과 배에서 주기적으로 복수를 빼 내야 목숨을 부지할 수 있을 정도로 악화된 간경화와 만성췌장염 등 병뿐입니다.

4) 피고인은 이 건 범행 얼마 전 자신이 죽은 후를 생각하여 장기기증을 약속한 사실이 있습니다. 그리고 피고인은 이 건 범행 이틀 전 이를 형에게 알리게 되었는데 이 소식을 전해들은 피고인의 형이 피고인을 나무라며 듣기에 매우 서운한 말을 하였습니다. 이에 자신의 인생을 비관한 피고인은 술을 마신 후 칼로 자신의 팔뚝을 자해하여 자살을 시도하였습니다.

5) 그러나 결국 위 자살시도도 실패하고 응급실에 실려 가게 되었습니다. 이 건 범행 당일도 피고인은 술에 취하여 병원에 갔다가 병원직원들이 욕을 하며 그만 다른 곳으로 가보라고 하여 순간적으로 범한 것입니다. 당시 술에 취해 있었던 피고인으로서는 아무리 무료치료를 받는 사람일지라도 인간으로 취급하지 않고 무슨 쓰레기 보듯 대하는 병원직원들이 야속하였던 것입니다.

나. 반 성

피고인은 제1심 재판과정을 통해 자신이 잘못을 깨닫게 되었습니다. 이에 현재 피고인은 자신의 범행을 깊이 뉘우치고 있습니다.

다. 가족 및 경제상황

1) 피고인에게는 현재 보살펴야 할 두 딸이 있습니다. 비록 피고인이 경제활동을 하지 못하는 죽기 직전의 몸이고 또 일정한 직업이 없지만 피고인의 두 딸에게는 믿고 의지할 수 있는 유일한 혈육입니다.

2) 피고인은 국가에서 지급해 주는 돈으로 단칸방에서 딸들과 생활하고 있습니다.

3. 결 론

피고인의 범행 정도를 보아 제1심 판결이 결코 중하다고는 할 수 없을 것입니다. 피고인의 위와 같은 사정들을 감안하여 원심법원에서 최대한의 관용을 베풀어주신 것으로 생각되나, 피고인이 현재 이 건 벌금을 낼 수 있는 상황이 아니라는 점을 참작하시어 한 번만 더 관용을 베풀어 주시어 피고인에게 원심판결보다 관대한 형을 바랍니다.

참 고 자 료

1. 진단서 (피고인)	3통
1. 수급자 증명서	1통

○○○○ 년 ○○ 월 ○○ 일

위 피고인 ○ ○ ○

○○지방법원 형사항소 ○부 귀중

변 론 요 지 서

사   건 : 20○○고단 ○○○ 도로교통법위반(음주운전)등
피 고 인 : ○ ○ ○ (주민등록번호)

위 사건에 관하여 피고인은 다음과 같이 변론요지를 진술합니다.

- 다   음 -

1. 이 사건 공소사실의 요지 및 피고인의 변소요지

가. 이 사건 공소사실의 요지

이 사건 공소사실의 요지는 20○○. ○○. ○○. 18:00경 피고인이 혈중 알콜농도 0.174%의 주취 상태로 ○○다 ○○○○호 승용차를 운전하여 ○○시 ○○길에 있는 ○○주택 앞 도로상을 진행함에 전방 및 좌우를 잘 살펴 안전하게 운전하여야 할 업무상 주의의무가 있음에도 이를 게을리 한 채 그대로 진행한 과실로 도로 우측에 주차되어 있던 피해자 ○○○ 소유의 승합차를 좌측 뒷부분을 위차의 우측 앞 범퍼부분으로 들이받아 수리비 70,000원 상당이 들도록 위 승합차를 손괴하고도 즉시 정차하여 피해품을 확인하는 등 필요한 조치를 취하지 아니한 채 그대로 도주하였다는 것입니다.

나. 피고인의 변소요지

피고인은 운전중에 주차되어 있던 위 승합차에 부딪쳐 손괴한 후 즉시 필요한 조치를 취하지 않은 점에 관하여는 이를 인정합니다만, 혈

중 알콜농도 0.174%의 주취 상태에서 운전하던 중에 위와 같은 사고를 일으켰다는 공소사실에 관하여는 당시 술에 취한 상태가 아니었으며 오히려 이 사건 이후에 술을 마셨으며 이 사건 이후 4시간이 지난 뒤 음주측정이 이루어져 이를 근거로 음주운전으로 기소된 것은 부당하다고 변소하고 있습니다.

2. 이 사건의 경위

가. 사고일 오전의 상황

피고인은 ○○아파트 관리원으로 근무하는 자인데, 20○○. ○○. ○○. 이 사건 당일 오전 08:00경에 위 근무지에서 퇴근을 하였습니다. 피고인은 전날 밤을 새워 근무를 마치고 퇴근하는 길이었기 때문에 동료들과 집 근처 ○○수퍼에서 술을 마시게 되었습니다. 이 때 술자리를 같이한 사람들이 ○○○(일명○○○)과 ○○○이었습니다. 당시 그 곳에서 소주 3병 가량을 나누어 마시고 헤이지게 되었습니다.

나. 사고일 오후의 상황

피고인은 점심때가 지난 오후 경에 ○○아파트에 매월 지급 받는 식비수당을 받기 위하여 나갔다가 다시 집으로 돌아왔습니다. 피고인은 약 2년 전에 부인과 사별한 상태로 매월 음력 1일과 15일경에 부인의 산소를 찾아보곤 하였는데 이날도 부인의 산소에 가기 위해 위 자동차를 운전하여 집을 나섰습니다. 그리하여 한참을 운행하다가 자동차의 타이어에 이상이 있는 듯 하여 위험을 느끼고 다시 집으로 되돌아오게 되었습니다. 피고인의 주장은 집으로 돌아오는 길에 ○○수퍼에 들러 담배 1갑을 산 일은 있지만, 그 곳에서 술을 마시지는 않았다는 것입니다. ○○수퍼는 집으로부터 약 50여 미터 떨어진 곳인데 그 곳에서부터 피고인의 집 방향으로 차를 운전하여 약 20-30미터 떨어진 피해자 ○○○의 집 앞에서 피해자 ○○○의 차에 접촉사고를 일으키게 되었습니다.

다. 사고후의 합의과정

당시 사고 장소는 삼거리에 가까운 곳으로 주변에 도로구획 정리공사를 하고 있어 대형트럭들의 왕래가 많아 피고인이 사고장소에 자동차를 정차하는 것이 적절하지 않은 상황이었고, 동네사람으로 알고 있는 사람간에 일어난 사고이니까 먼저 바로 앞에 있는 피고인의 집 앞에 차를 세워놓고 사고 뒤처리를 할 생각으로 그 곳에서 20-30미터 떨어진 피고인의 집 앞에 차를 주차시켜 놓았습니다. 다만 피고인이 차를 주차시킨 후 곧바로 사고장소로 와서 피해자를 찾아 피해배상에 관한 합의를 하는 등의 필요한 조치를 취하지 아니하고 일단 집으로 들어갔는데 이 점이 피고인으로서는 잘못한 일이었습니다. 그리고 난 후 접촉사고 사실을 전해 듣고 온 피해자 ○○○와 바로 사고가 난 장소의 자동차가 서있는 곳으로 가서 손괴부분에 관하여 협의하고 이를 배상하여 주기로 합의하였습니다. 합의를 할 때 피해자 ○○○의 신고를 받고 온 순찰차가 현장에 도착하여 피고인의 손괴후 미조치의 부분에 관하여 문제삼으려 하였으나 피해자 ○○○ 와 피고인등이 동네 사람들 간의 일이고 합의도 되었으니 문제삼지 말라고 부탁하여 순찰차가 일단 다시 돌아가게 되었습니다.

라. 사건 후 음주한 사실

한편 피고인은 이 사건이 있음 후에 집에 들어와 있다가 저녁 식사겸으로 하여 집에 있는 술을 혼자 마시려고 하였는데, 앞집에 살며 농사를 짓는 ○○○이 마을회관 앞 ○○수퍼에 나갔다가 미고인 자동차의 사고 소식을 듣고 무슨 일인가 하여 피고인의 집으로 찾아오게 되었습니다. 이때가 해가 지기 직전인 저녁 7시경인데, ○○○이 피고인의 집으로 갔을 때 피고인이 혼자 술을 마시려고 하다가 ○○○을 보고 마침 잘 왔다고 하면서 함께 술을 마시게 되었고 피고인은 ○○○에게 사고가 난 얘기를 하면서 별일 아니라며 합의가 잘 되었다고 하기도 하였습니다. 그렇게 둘이서 함께 술을 마시다가 이후 평소 자주 어울리는 ○○○, ○○○등이 찾아와 같이 술을 마시게 되었고 그들이 돌아간 후에 피고인은 술에 취하여 잠을 자게 되었습니다.

마. 경찰에 의한 음주측정

이후 ○○파출소의 경찰은 성명불상자의 제보에 의하여 그날 밤 21:30 경에 피고인의 집으로 찾아와 자고 있는 피고인을 깨워 파출소로 연행 하여 가고 피해자 ○○○도 불러 ○○파출소에서 21:57경에 피고인에 대하여 음주측정을 하여 혈중 알콜농도 0.174%의 측정결과가 나오자 이를 증거로 삼아 수사를 진행하게 되었습니다.

3. 이 사건 발생전 피고인이 술을 마신 시점에 관하여

가. 피고인, 수퍼주인 및 증인 ○○○의 진술내용의 차이

이 사건 발생전에 피고인이 술을 마신 시점에 관하여 피고인은 이 사 건 당일 아침 08:00경 직장에서 퇴근하는 길에 동료들과 ○○수퍼에 서 술을 마셨다고 진술하고 있는데 이에 관하여 참고인들의 진술은 엇갈리고 있습니다. 당일 술을 마신 장소인 ○○수퍼의 주인은 피고 인과 일행이 오후 15:00시경에 소주 3-4병을 나누어 마셨다고 경찰 에게 진술한 바 있지만 (사법경찰리 작성의 수사보고서 참조), 그날 함께 술을 마신 ○○○(일명 ○○○)은 이 법정에서 당일 오전경에 피고인 및 ○○○과 ○○수퍼에서 술을 마신 사실이 있고 그 때문에 점심경에 직장인 ○○아파트에 식대를 받으러 갔을 때 경비반장으로 부터 '아무리 비번중이라도 술을 마시고 나왔다'는 취지로 혼이 난 사실도 있다고 진술하였고 다만 오후 위 ○○수퍼 주인이 주장하는 일시경에 피고인, ○○○와 다시 술을 마신 사실이 있는지에 관하여 는 기억이 잘 나지 않는다고 하면서 이 법정에 나와 증언하기 위하여 수퍼주인과 ○○○를 만나 사실관계를 정확히 확인하려 하였을 때 위 수퍼주인과 ○○○는 오전이 아니라 오후 경에 술을 마신 것이라고 진술하여 자신은 곤란한 입장에 있다는 취지로 진술한 바 있습니다.

나. 증인 ○○○, ○○○으 진술

한편 이 사건 이후 피고인과 함께 술을 마신 것으로 이 법정에서 진 출한 증인 ○○○이 법정에 출석하였을 때 검사의 반대신문과정에서

'이 사건에 관한 얘기를 듣고 ○○○이 피고인을 찾아갔을 때, 피고인이 이전에 술을 마신 것 같지는 않았고, 얼굴이 붉거나, 냄새가 나지는 않았다'고 진술하였고, 이 사건 피해자인 ○○○ 역시 이 법정에서 사고 직후 합의를 위하여 피고인을 만났을 때 '당시 피고인이 술을 마시지는 않았다고 기억하느냐'는 변호인의 질문에 '기억이 잘 나지 않으나, 얼굴도 빨갛지 않았고, 미안안하다고 하면서 같은 동네이고 월요일에 고쳐주겠다고 하여 그렇게 하자고 하였다'고 진술하였는데, 당시 사고 직후의 교통사고 피해자로서 가해자인 피고인이 음주한 상태였는지에 관하여 잘 알 수 있을 법한데도 '얼굴도 빨갛지 않았다'며 술 마신 기운을 발견할 수 없었다고 진술하고 있습니다.

다. 경찰들이 사고 직후 처음 피고인을 만났을 때 왜 음주측정을 하지 않았는지 한편, 사고 직후 피고인이 피해자와 합의할 때를 전후하여 순찰차가 왔었는데 (피고인은 처음 순찰차가 왔을 때 피해자도 함께 있었다고 주장하고 있는데, 증인 ○○○의 법정진술에 의하면 자신은 합의 후 곧바로 집으로 들어갔고, 순찰차가 왔다는 이야기만 들었다고 하였습니다), 이때 왜 경찰이 피고인에 대하여 음주측정을 하지 않았는지가 의문입니다. 만일 피고인이 술에 취한 상태였다면, 그것도 사고후 4시간이 지난 뒤의 음주측정결과가 0.174%였다면 사건 직후에는 이 보다 더하게 술이 취한 상태였다고 보아야 할 것인데 피고인을 만나 합의여부를 조사한 순찰차가 이를 알아보지 못했다는 것은 이해하기 어렵고, 오히려 이런 정황에 의하면 당시 피고인이 술에 취했다고 인정하기에는 의심이 있다고 여겨집니다.

4. 주취운전자 적발보고서의 증명력

가. 이 사건 이후 피고인이 술을 마신 사실

피고인은 20○○. ○○. ○○. 이 사건으로 인하여 ○○경찰서에서 조사 받을 때에도 이 사건 교통사고가 있은 이후에 집에서 술을 마신 것이라고 진술하면서 '함께 술을 마신 사람을 증인으로 세우겠다'고 하였지만 수사기관에서는 이에 관한 조사가 이루어지지 않았기 때문에, 이 법정에서 이 사건 이후 함께 술을 마신 사람이로 ○○○을 증인으로 신청하였습니다. 증인 ○○○은 이 법정에서 이 사고 당일 저녁 7시쯤 노인회관 앞에 마실을 나갔다가 피고인이 사고가 났다는 얘기를 전해듣고 평소 친하게 지내는 앞, 뒷집 사이라 피고인의 집으로 찾아갔었고, 마침 피고인이 좋은 술이 있다며 술 한잔 하자기에 함께 술을 마신 사실이 있으며 이때 피고인이 많이 취하였다고 진술하였습니다.

나. 주취운전자 적발보고서

1) 이 사건 음주운전 부분에 관한 피해자 ○○○ 작성의 교통사고관련자 진술서는 이 사건 이후 4시간 가까이 지난 뒤 파출소에서 다시 조사를 받을 때 당시 음주측정 결과를 확인하였다는 내용일 뿐입니다. 그리고 ○○수퍼 주인의 언동에 관한 수사보고서는 위에서 본 바와 같이 술을 마신 시점에 관하여 당사자 및 참고인들 사이에 진술이 엇갈리고 있어 그 신빙성에 의심이 있고, 또한 신빙성이 인정되는 경우라고 할지라도 그 진술만으로 피고인이 이 사건 당시 혈중알콜농도 0.05%이상의 주취상태에서 운전하였다는 점을 증명할 수 있는 증거는 아닙니다. 그렇다면 피고인에게 음주운전에 관하여 유죄를 인정하기 위해서는 주취운전자 적발보고서의 증거가치를 살펴야 할 것입니다.

2) 피고인에 대한 음주측정은 이 사건이 발생한 때로부터 4시간 가까이 지난 21:57경에 이루어졌는데, 그렇다면 그 측정결과인 혈중알콜농도 0.174%는 이 사건 당시의 음주운전에 관한 증거로 직접 사용하기 어렵고, 다만 운전시점으로부터 4시간 가까이 지난 상태에서 측정이 이루어졌기 때문에 운전자의 체중이나 성별 등의 요소를 고려하여 운전

당시의 혈중알콜농도는 현재 측정결과 보다는 높을 것이라는 경험치에 의해야지만 현재 측정결과가 혈중알콜농도 0.05% 이상이라면 이를 음주운전의 증거로 할 수 있을 것입니다.

3) 그렇다면, 피고인의 경우 운전당시에는 혈중알콜농도 0.174%보다 높은 수치의 주취상태에서 운전하였다는 추정이 필요합니다. 수사기관에서 이러한 경험치에 의한 추정치를 계산한 수사결과는 제출되지 않았습니다. 또한 술을 마신 때로부터는 4시간 이상이 지난 뒤의 혈중알콜농도가 0.174% 이상이라면 운전할 때는 굉장히 만취한 상태였을 것이라는 점을 추정할 수 있는데, 가사 피고인이 당시 15:00경에 술을 마셨다고 하더라도 피고인을 포함하여 일행 3명이 소주 3병가량을 나누어 마신데다 일행중 ○○○이 다른 사람에 비하여 술을 많이 마시는 편이라는 ○○○의 법정진술, 그리고 사고 직후 피고인을 본 피해자 ○○○나 이후 함께 술을 마신 증인 ○○○의 피고인을 각각 봤을 당시 피고인이 술에 취한 것 같지는 않았다는 이 법정에서의 각 진술등에 비추어 볼 때 위 측정결과를 피고인에 대한 유죄의 증거로 하기에는 그 신빙성에 의심이 있다고 할 수 있습니다.

4) 더구나 피고인이 교통사고 후 음주측정 전에 술을 마신 사실이 있는 경우에는 위와 같은 경험칙이 적용될 수 없을 것입니다. 즉, 운전 후 4시간 가까이 지난후의 음주측정결과는 교통사고 후 음주측정전의 음주사실로 인하여 '운전당시'의 주취상태에 대한 증거로서의 합리적인 관련성을 잃게 되므로 이를 피고인이 운전당시 혈중알콜농도 0.05%이상의 주취상태였는지를 증명할 수 있는 증거로 사용할 수는 없다고 할 것입니다. 그런데 이 사건 법정에서의 증인 ○○○의 증언에 의하면 피고인은 증인 ○○○과 이 사건 이후 술을 마신 사실이 있음을 인정할 수 있습니다. 피고인은 처음의 경찰 조사당시부터 이 사건 이후 술을 마신 사실이 있음을 주장하여 왔으며, 이 법정에 출석한 ○○○은 당시 노인회관에 나갔다가 사고 소식을 듣고 나서

피고인을 찾아가 함께 술을 마셨고 뒤이어 ○○○등 다른 사람들도 함께 하였다고 진술하여 이 사건 이후 술을 마셨다는 점을 증언하여 주고 있습니다.

다. 따라서 위 주취운전자 적발보고서를 피고인의 음주운전에 관한 유죄의 증거로 할 수는 없다고 할 것입니다.

5. 소결론

피고인이 이 사건 오후에 술을 마셨다는 점에 관하여 당사자들의 진술이 엇갈리고 있을 뿐만 아니라 이 사건 음주측정결과는 위에서 살펴보았듯이 그 측정수치나, 피고인이 이 사건 이후 술을 마신 사실이 있다는 증언 등에 비추어 이를 피고인에 대한 유죄 인정의 증거로 하기에는 신빙성에 의심이 많으므로 이를 증거로 할 수 없다고 여겨집니다. 그렇다면 피고인에 대한 이 사건 공소사실 중 음주운전부분에 관하여는 유죄의 증거가 없어 범죄사실의 증명이 없는 때에 해당하므로 형사소송법 제325조에 의하여 무죄를 선고하여 주시기를 바랍니다.

6. 정상론

가. 피고인이 운전중 피해차량을 손괴하는 사고를 낸 후에 사고장소로부터 20-30미터 떨어진 자신의 집앞에 차를 주차시키고 필요한 조치를 취하지 않은 점은 인정됩니다. 피고인 역시 이를 인정하고 깊이 반성하고 있습니다. 다만 피해정도가 중하지 아니하고 사고후 바로 얼마 뒤에 피해배상에 관한 합의가 이루어졌고 피해자도 피고인의 처벌을 원하지 않는 점 등을 참작하여 주시기를 바랍니다.

나. 또한 가사 피고인의 음주운전부분에 관하여 유죄가 인정되는 경우라도 위와 같은 사정과 함께 피고인이 아파트 경비원 생활을 하면서 어렵게 생활을 하고 있는 점 등을 참작하시어 최대한의 관대한 처벌을 하여주시기를 바랍니다.

○○○○ 년 ○○ 월 ○○ 일

피고인 ○ ○ ○ (인)

○○지방법원 형사○단독 귀중

제6장

항소이유서

항 소 이 유 서

사   건 : 2016노0000 공무집행방해
피 고 인 : ○ ○ ○

위 사건에 관하여 피고인의 변호인은 피고인을 위하여 다음과 같이 항소이유를 개진합니다.

- 다   음 -

원심은 피고인에 대하여 징역 0월에, 집행유예 0년을 선고하였으나, 원심에는 아래와 같은 이유로 사실오인 및 법리오해의 위법이 있으므로, 피고인은 다시 정당한 재판을 받기 위하여 이 사건 항소에 이른 것입니다.

1. 현행법의 의미

형사소송법 제211조가 현행범인으로 규정한 "범죄의 실행의 즉후인 자"라고 함은, 범죄의 실행행위를 종료한 직후의 범인이라는 것이 체포하는 자의 입장에서 볼 때 명백한 경우를 일컫는 것으로서, 위 법조가 제1항에서 본래의 의미의 현행범인에 관하여 규정하면서 "범죄의 실행의 즉후인 자"를 "범죄의 실행 중인 자"와 마찬가지로 현행범인으로 보고 있고, 제2항에서는 현행범인으로 간주되는 준현행범인에 관하여 별도로 규정하고 있는 점 등으로 미루어볼 때, "범죄의 실행행위를 종료한 직후"라고 함은, 범죄행위를 실행하여 끝마친 순간 또는 이에 아주 접착된 시간적 단계를 의미하는 것으로 해석되므로, 시간적으로나 장소적으로 보아 체포를 당하는 자가 방금 범죄를 실행한 범인이라는 점에 관한 죄증이 명백히 존재하는 것으로 인정되는 경우에만 현행범인으로 볼 수 있는 것입니다.

2. 원심 판결의 요지

원심은, 피고인이 OO회사 사원으로 근무할 당시 그 회사 사무실에서, 동료 사원인 공소외 1인이 그 회사 사장실에 식칼을 들고 들어가 이를 휘두르면서 사장을 협박한다는 신고를 받고 출동하여 공소외 1을 연행하려는 OO경찰서 수사과 소속 경찰관들의 멱살을 잡아당기고, 그 경찰관들이 공소외 1을 운동장에 세워져 있는 자동차에 태워 연행하려고 하자 그 자동차의 출발을 저지하려고 자동차의 문짝을 계속하여 잡아당기는 등 위 경찰관들의 현행범 체포업무를 방해하였다는 이 사건 공무집행방해 공소사실을 유죄로 인정하면서, 범죄의 실행의 즉후인 자도 현행범인이라고 할 것이므로, 공소외 1을 체포한 위 경찰관들의 공무집행은 적법한 것이라는 취지로 판단하였습니다.

3. 사실오인

그러나 공소외 1은 사장실에 들어가 불과 약 5분 정도 식칼을 휘두르며 사장을 협박하는 등의 소란을 피웠는데, 신고를 받고 출동한 경찰관들이 공소외 1을 체포하려고 한 것은, 위와 같은 범죄의 실행행위가 종료된 때로부터 무려 40여분 정도가 지난 후일뿐더러, 경찰관들이 공소외 1을 체포한 장소도 범죄가 실행된 사장실이 아닌 사무실로서, 출동한 경찰관들이 그 회사 부사장과 부장을 만난 다음 사무실에 앉아 있던 공소외 1을 연행하려고 하자 공소외 1이 구속영장의 제시를 요구하면서 동행을 거부하였습니다.

따라서 경찰관들이 공소외1을 체포할 당시 그 회사의 사원으로서 사무

- 212 -

실에 앉아 있던 공소외 1이 방금 범죄를 실행한 범인이라는 죄증이 체포자인 경찰관들에게 명백히 인식될만한 상황이 아니었습니다.

4. 심리미진, 법리오해

따라서 원심은 공소외 1의 범죄의 실행과 체포 당시 구체적 상황을 조금 더 세심하게 심리하여 과연 죄증이 현존하는 것으로 판단되는 상황에서 경찰관들이 공소외 1을 체포한 것인지의 여부를 가려보지도 아니한 채, 공소외 1이 범죄의 실행의 즉후인 자로서 현행범인이라고 단정하였음은, 원심판결에는 심리를 제대로 하지 아니하였거나 현행범인에 관한 법리를 오해한 위법이 있다고 하지 않을 수 없습니다.

그리고 공소외 1이 현행범인으로서의 요건을 갖추고 있었다고 인정되지 않는 상황에서 경찰관들이 동행을 거부하는 공소외 1을 체포하거나 강제로 연행하려고 하였다면, 이는 적법한 공무집행이라고 볼 수 없고, 따라서 피고인이 강제연행을 거부하는 공소외 1을 도와 경찰관들에 대하여 폭행을 하는 등의 방법으로 공소외 1의 연행을 방해하였다고 하더라도, 공무집행방해죄는 성립하지 않는다고 보아야 할 것입니다.

5. 결론

따라서 피고인에게 유죄를 인정한 원심판결을 파기하시고 피고인에게 무죄를 선고하여 주시기 바라와, 피고인은 이건 항소에 이른 것입니다.

위와 같이 항소이유를 개진합니다.

○○○○ 년 ○○ 월 ○○ 일

피고인의 변호인 변호사 ○○○ (인)

○○지방법원(제○형사부) 귀중

항 소 이 유 서

사   건 : 2016노○○○ 마약류관리에관한법률위반(향정)
피고인(항소인) : 김 ○ ○

　　위 사건에 관하여 피고인(항소인, 이하 '피고인'이라고 합니다)의 변호인
은 다음과 같이 항소이유를 개진합니다.

- 다   음 -

1. 원심 판결의 요지

　　원심 법원은 피고인에 대한 아래 공소사실 전부를 유죄로 인정하고, 피
고인에게 징역 12년의 형을 선고하였습니다.

「1. 피고인 김○○의 범행

　가. 2015고합75
　　피고인 김○○을 마약류취급자가 아니다.
　　분리 전 공동피고인 린○○(이하 '린○○'라고만 한다)는 중국 심천
에서 첸○○이라는 남자로부터 향정신성의약품인 메트암페타민(일
명 필로폰, 이하 '필로폰'이라 한다)을 건네받아 홍콩을 경유하여
대한민국으로 운반하고, 피고인 량○○은 린○○가 운반한 필로폰
을 받아 이를 피고인 김○○에게 판매하고, 피고인 김○○을 피고
인 량○○이 필로폰을 밀수입하면 그 필로폰을 구입하며, 분리 전
공동피고인 박○○(이하 '박○○'이라고만 한다)은 피고인 량○○과

피고인 김○○ 사이의 필로폰 거래에 관한 연락 및 통역을 담당하는 역할을 하기로 순차 모의하였다.

위와 같은 모의에 따라 린○○는 2015. 1. 26. 07:00경 중국 심천에 있는 푸용광장에서 첸○○으로부터 필로폰 약 2kg이 은닉된 복대를 받아 이를 자신의 복부에 차고 홍콩국제공항으로 이동한 후 그곳에서 위 필로폰을 소지한 채 대한민국행 비행기에 탑승하여 2015. 1. 26. 19:54경 인천 중구 운서동에 있는 인천국제공항으로 입국하였다. 피고인 김○○은 이와 같이 피고인 량○○, 린○○, 박○○과 공모하여 필로폰을 밀수입하였다.

나. 2015고합387
1) 필로폰 수입

피고인은 2012. 11. 20. 경 서울 중구 남산동 3가 11-10에 있는 일품향 중식당에서 필로폰 전문 운반책인 김◇◇에게 "중국에 있는 필로폰을 국내로 밀수입하여 전해주면 1,000만원을 주겠다."라고 제의를 하였다.

위와 같은 제의를 받은 김◇◇은 수시로 중국을 드나들면서 상표가 위조된 시계 등을 운반해 주던 속칭 '지게꾼'들인 김☆☆과 김◎◎을 중국 심천공항으로 오게 하고, 위 김◇◇은 중국 심천에 거주하는 성명불상자 2명(일명 '코털 사장', '양사장')을 만나 필로폰 약 1킬로그램이 들어있는 신발 6켤레를 교부받아 이를 위 김☆☆, 김◎◎에게 각각 신발 3켤레씩 나누어 주었으며, 위 김☆☆, 김◎◎은 2012. 12. 1. 13:05. 경 중국 청도공항에서 위와 같이 건네받은 신발들을 여행용 가방 속에 넣고 대한항공 여객기에 탑승하여, 2012. 12. 1. 15:45. 경 김해국제공항에 입국한 후 함께 입국한 김◇◇에게 위 신발들을 건네주었다.

이후 피고인은 2012. 12. 2. 13:30. 경 위 일품향 중식당에서 김◇◇으로부터 필로폰 약 1킬로그램이 들어있는 쇼핑백을 건네받고, 그 대가로 2012. 12. 12. 13:30. 경 같은 장소에서 김◇◇에게 1,000만원을 건네주었다.

이로써 피고인은 김◇◇, 김☆☆, 김◎◎과 공모하여 마약류취급자가 아님에도 향정신성의약품인 필로폰 약 1킬로그램을 수입하였다.

2) 필로폰 매매

피고인은 2013. 12. 1. 점심. 경 서울 서초구 서초동 1366-7에 있는 지하철 양재역 출구 앞 노상에서 허○○에게 필로폰 약 5그램을 건네주고, 그 대가로 허○○으로부터 150만원을 건네받았다.
이로써 피고인은 마약류취급자가 아님에도 향정신성의약품인 필로폰을 매매하였다.

2. 피고인 김○○, 량○○의 공동범행(2015고합671)

피고인들은 김◇◇, 김☆☆, 김◎◎과 중국 심천시에서 대한민국으로 향정신성의약품인 필로폰을 밀수입하기로 마음먹고, 피고인 김○○은 김◇◇을 중국 심천시로 보내 피고인 량○○으로부터 필로폰을 건네받아 한국으로 밀수입하도록 한 후 한국에서 필로폰을 건네받는 역할을, 피고인 량○○은 중국에서 필로폰을 구해 김◇◇에게 전달하는 역할을, 김◇◇은 중국 심천에서 피고인 량○○으로부터 받은 필로폰을 운반책인 김☆☆과 김◎◎에게 건네주고 그들로 하여금 국내로 운반하도록 지시하는 역할을, 김☆☆과 김◎◎은 김◇◇으로부터 받은 필로폰을 한국으로 밀반입하는 역할을 담당하는 방법으로 필로폰을 밀수입하기로 모의하였다.

피고인 량○○은 2012. 12. 말. 경 대만에서 한국에 있는 피고인 김○○에게 전화하여 "필로폰이 있다. 사고 나지 않게 잘 운반할 사람을 중국 심천시로 보내라"라고 이야기를 하였고, 피고인 김○○은 2012.12. 말. 경 김◇◇에게 "중국에서 피고인 량○○으로부터 필로폰을 받아 한국으로 밀수입하면 사례를 해주겠다."라고 이야기를 하고, 피고인 김○○의 제의를 받은 김◇◇은 2013. 1. 2.

경 중국 심천시로 출국하여 피고인 량○○을 만나 함께 심천공항 부근에 있는 상호불상의 모텔로 이동하여 피고인 량○○으로부터 필로폰 2,166.07그램을 받아, 신발 12켤레에 나누어 담았다.

그 후 김◇◇은 필로폰이 들어있는 신발을 가지고 중국 청도시로 이동하여 2013. 1. 6. 경 중국 청도시에 있는 언양호텔에서 필로폰 2,166.07그램이 들어있는 신발 12짝을 운반책인 김☆☆, 김◎◎에게 건네주었다.

김☆☆, 김◎◎은 필로폰이 들어있는 위 신발 6켤레씩을 각자 여행용 가방에 나누어 넣은 채, 2013. 1. 6. 13:05. 경 중국 청도국제공항에 도착하여 입국하였다.

이로써 피고인들은 김◇◇, 김☆☆, 김◎◎과 공모하여 마약류취급자가 아님에도 향정신성의약품인 필로폰 2,166.07그램을 수입하였다.」

2. 항소이유의 요지 : 양형부당(과중)

피고인은 원심에서 원심 판시 범죄사실 모두에 대하여 인정하고 반성하여 왔습니다. 그런데 원심 법원은 피고인에 대한 이 사건 **공소사실 전부와 관련 있는 자[1])로서, 이 사건 필로폰 밀수의 실질적 주도자라고 할 수 있는 공동피고인 량○○보다 중하게 피고인에 대한 형을 선고**하였습니다 (원심 법원은 공동피고인 량○○에 대하여, 2015고합75호 사건에 관하여는 징역 5년을, 2015고합671호 사건에 관하여는 징역 2년을 각 선고한 반면에, 피고인 김○○에 대해서는 징역 12년형을 선고하였습니다).

그러나 아래에서 살펴보는 바와 같이, ① **피고인은 공동피고인 량○○에 비하여 이 사건 필로폰 밀수 범행의 가담 정도가 경미**하다고 할 것이고, ② 나아가 피고인이 이 사건 범죄사실에 대하여 **모두 자백**하고

---

1) 공동피고인 량○○은 피고인 김○○의 인천지방법원 2015고합387호 사건과 아무런 관련이 없는 것처럼 기소되었으나, 이 사건 증거기록을 구체적으로 검토하여 보면 피고인의 2012. 12. 2. 필로폰 밀수 범행 역시 공동피고인 량○○의 깊숙한 관여 아래 진행되었음을 알 수 있습니다.

있는 점, ③ 일부 범행에 관하여서는 그 **경위에 참작할만한 사유**가 있는 점, ④ 이 사건 뿐만 아니라 다른 사건 **수사에 있어서도 적극 협조 및 제보**한 점, ⑤ 피고인이 현재 **70세의 고령으로서 수용생활을 하며 건강이 매우 악화**되어 있는 점 등 여러 가지 사정을 고려해 볼 때 피고인에 대한 원심법원의 **형량은 지나치게 과중**하다고 보여 집니다.

아래에서는 이 사건 원심 판시 범죄사실의 구체적 경위에 대하여 피고인의 변소를 간략히 살펴본 후, 피고인에 대한 이 사건 양형을 판단함에 있어 참작할 만한 사항에 대하여 말씀드리고자 합니다.

3. 이 사건 경위에 관하여

가. 2012. 12. 2. 자 및 2013. 1. 6. 자 필로폰 밀수 범행에 관하여
  - 원심 판시 범죄사실 제1의 '나' 1)항 및 제2항의 점

1) 피고인은 1985년경부터 1990년대 초반까지 대만의 업체들과 무역 거래를 한 적이 있었는데, 당시의 무역 거래로 인하여 대만에 거주하는 지인들을 많이 알게 되었습니다. 피고인은 위와 같이 알게 된 대만의 많은 지인들과 함께 예전부터 평소 식사자리 또는 술자리 등의 모임을 자주 가지곤 하였는데, 그 자리에서 피고인은 '자신이 일본의 야쿠자도 잘 알고 있다.'는 등의 다소 과장된 인맥 과시를 한 적이 많았습니다.

그런데 피고인의 지인 중 대만에서 가라오케를 운영하는 장덕수(대만 국적의 화교)라는 자가 '자신이 알고 있는 사람 중에 일본의 야쿠자와 인맥이 있는 사람이 있다.'라고 하며 일명 '코털사장'(한글명 형○○)에게 피고인을 소개하였고, 장덕수로부터 피고인을 소개받은 '형○○'이 2012.3. 피고인에게 연락하여 왔습니다.

당시 피고인에게 연락을 취한 형○○은 '당신이 일본 쪽에 아는 사람이 많다고 들었다. 내가 물건을 가지고 있는데, 일본 쪽에 팔아줄 수 있느냐"라고 피고인에게 이야기하였고, 이에 피고인은 자신을 소개한 장덕수를 생각하여 형○○의 요청을 마지못해 받아들이게 되었습니다.

그러한 경위로 피고인은 대만의 형○○으로부터 필로폰을 건네받아 일본의 매수자 측에게 필로폰을 넘기려고 시도하였으나, 당시 피고인이 알아본 일본 측 매수자가 '필로폰의 품질과 엔저 현상에 따른 가격 부담' 등의 문제로 거절하였고, 이에 피고인은 어쩔 수 없이 형○○이 가지고 온 필로폰을 공소외 김□□ 등에게 알선하게 되었습니다.

위와 같은 형○○과 김□□ 간의 일련의 필로폰 거래 일환으로 2012. 12. 2. 경 중국의 형○○, 공동피고인 량○○, 김◇◇ 및 김◎◎, 김☆☆ 등을 통하여 국내로 필로폰이 1kg 밀수되었고, 이를 전달받은 피고인이 이를 김□□에게 전달하고 1억 2천만원을 건네받아 자신의 알선수수료로 500만원을 공제한 후, 김◇◇에게 1,000만원, 형○○과 량○○ 측에 1억 500만원을 전달하였습니다.

즉, 피고인은 단순히 해외에서 국내로 필로폰이 들어온 경우, 위 필로폰의 매도자와 매수자를 중간에서 단순 연결하는 알선책에 불과하였던 것입니다.

2) 한편, 형○○은 2012년경 피고인을 통한 국내 매수자 김□□과의 필로폰 매매가 아니더라도, 피고인에게 '중국 심천에 가서 량○○을 만나 필로폰을 건네받은 뒤, 한국에 입국하여 자신에게 건네주면 1,500만원을 줄 테니 이를 가지고 와 달라."라는 부탁을 자주 하였습니다. 그리고 이를 건네받은 형○○은 이를 다시 자신이 아는 일본 측 매수자에게 매도하고자 하였습니다. 이에 피고인이 형○○으로부터 들은 부탁을 김◇◇에게 전달하며, 김◇◇에게 1,000만원 주고 필로폰 밀수를 몇 차례 알선하곤 하였습니다.

그러던 중 중국의 량○○은 피고인에게 '필로폰을 한국으로 보낼테니 형○○에게 넘기지 말고 피고인이 직접 일본에 팔수 없냐"라고 제의하여 왔고, 이에 피고인이 다시 일본 측 매수자와 접촉하여 보고자 하는 마음에 이를 승낙하였습니다.

위와 같은 량○○의 제의와 피고인의 승낙으로 인해 2013. 1. 6. 경 김◇◇ 등이 한국으로 필로폰 2,166.07그램을 밀수하고자 하였으나, 김□□ 측의 제보로 적발되었습니다.

3) 위와 같은 일련의 필로폰 밀수 과정에서, 피고인은 형○○ 또는 량○○의 부탁으로 필로폰을 일본으로 넘기거나 국내 매수자인 김□□ 등에게 넘기는 중간 연락책을 맡고 약간의 소개료를 받기로 한 것이 전부입니다.

피고인은 일본 쪽에서 난색을 표하여 국내 김□□ 등에게 알선하다가 소개료도 받지 못하고 필로폰 대금을 떼이고 형○○이나 량○○에게 필로폰 대금을 전달하지 못하기도 하였는바, 이러한 사정을 통해 알 수 있듯이 피고인은 단지 알선 수수료만 소액 취득한 것이 전부인 것입니다.

나. 2013. 12. 1. 자 필로폰 매매 행위에 관하여
- 원심 판시 범죄사실 제1의 '나' 2)항의 점

피고인은 2012. 12. 2. 자 및 2013. 1. 6. 자 필로폰 밀수 범행 등으로 인하여 수배 당하게 되자, 이 사건 범행으로 체포·구속되기 전까지 전국을 돌며 도피생활을 하였습니다.

피고인이 약 1년간의 도피생활로 인하여 가지고 있던 돈을 거의 모두 소진한 무렵에, 허○○으로부터 필로폰을 150만원에 팔아 달라는 연락을 받게 되었습니다. 이에 피고인은 돈이 필요하던 차에 허○○에게 자신이 가지고 있던 필로폰을 팔기로 마음 먹고 2013. 12. 1. 양재역 인근에서 허○○을 만나기로 하였습니다.

피고인은 같은 날 양재역에서 허○○을 만나 필로폰 5g을 건네주었는데, 허○○은 '그동안 내가 피고인의 도피자금으로 조금씩 준 돈 5-10만원을 모두 합하면 70-80만원 정도 되니, 나머지 70-80만원은 나중에 주겠다.'고 하고서는 그냥 돌아가 버렸습니다.

결국 피고인은 허○○에게 필로폰 5g을 판매하고자 하였으나, 필로폰만을 제공하고 그 대금을 지급받지 못한 것입니다.

다. 2015. 1. 26. 자 필로폰 밀수 범행에 관하여
- 원심 판시 범죄사실 제1의 '가'항의 점

피고인은 위 2012. 12. 2. 사건 및 2013. 1. 6. 사건으로 인하여 도피생활을 하였던 까닭에 공동피고인 량○○과도 몇 년간 연락이 끊어졌었습니다. 또 피고인은 이제 나이도 많이 들어 마약 세계에서 발을 끊겠다는 굳은 결심을 하고 살고 있었습니다. 그러던 중 2014. 말경 박○○으로부터 전화를 받고 '중국에 있는 량○○한테서 안부전화가 왔다.'는 이야기를 듣게 되었습니다. 이에 피고인은 박○○을 통하여 공동피고인 량○○에게 '여유가 되면 한국에 들어와라. 나는 도피 중이지만, 량○○은 괜찮다.'는 말을 전하였습니다.

그런데 피고인은 2015. 1. 22. 경 박○○으로부터 진짜로 량○○이 한국에 입국하였다는 소식을 듣게 되었고, 이에 박○○과 함께 공동피고인 량○○을 서울 라마다 호텔 객실에서 만나게 되었습니다. 공동피고인 량○○은 박○○을 통하여 피고인과 이런 저런 이야기를 주고 받다가, 자신의 여행가방에서 필로폰 소량을 꺼내어 피고인에게 건네 보여주면서, '이 정도 질이면 일본에서 넘길 수 있겠냐.'고 물었습니다. 피고인은 공동피고인 량○○이 한국에까지 입국하여 위와 같이 필로폰 샘플의 질이 어떠냐고 묻기에, 마지못해 '확인하여 보겠다.'는 취지로 말하고, 이를 가지고 객실을 나왔습니다.

이후 피고인이 샘플을 확인한 결과 필로폰의 질이 좋지 않아서 공동피고인 량○○에게 필로폰 알선을 거절하였으나, 계속된 량○○의 부탁으로, 피고인은 '공동피고인 량○○이 필로폰을 건네주면 이를 일본으로 넘겨주겠다.'고 마지못해 응하게 되었습니다.

당시 공동피고인 량○○은 필로폰 2킬로그램을 처분하여 달라고 요청하였으나, 피고인은 1킬로그램만 인수하겠다고 하였고, 이를 박○○을 통하여 분명히 전달하였습니다(박○○ 역시 피고인이 1kg만을 알선할 의사를 분명히 밝혔다는 취지로 이 사건 수사기관에서 진술하였습니다).

이후 공동피고인 량○○은 피고인이 필로폰의 일본 측 알선을 승낙하자 2015. 1. 26. 경 중국에서 필로폰 2kg을 밀수하여 이를 피고인에게 전달한 후 이를 일본측에 판매하고자 하였으나, 피고인이 량○○으로부터 필로폰을 인수하기도 전에 핀쑨더의 체포 등으로 인해 범행이 발각되게 되었습니다.

4. 원심 법원의 양형 부당의 점에 관하여

가. 피고인은 이 사건 필로폰 밀수에 있어서, 단순히 국내로 들어온 필로폰의 중간 알선책에 불과할 뿐이고, 결코 주도적으로 필로폰을 국내로 반입하거나 최종 매수인들에게 판매하는 판매상이 아니었습니다.

앞서 본 바와 같이 피고인은 결코 주도적으로 이 사건 필로폰을 국내로 반입하거나 밀수하지 않았습니다. 피고인은 단지 형○○이나 량○○이 들여온 필로폰을 그들의 부탁에 따라 일본이나 국내 수요자에게 판매를 알선하고 중간에서 판매대금의 5% 정도를 알선 수수료로 지급받기로 한 것이 전부인 것입니다.

이와 같이 피고인은 **형○○이나 량○○의 선제의에 따라 소극적으로 반입 필로폰의 판매를 중간에서 단순히 알선**해주는 데 그친 점에서, 필로폰을 적극적으로 국내로 반입하여 일본이나 국내에 유통시키고자 한 공동피고인 량○○과 구별된다고 할 것이고, **주범인 량○○의 이 사건 범행 가담 정도에 비하여 그 정도가 경미**하다고 할 것입니다.

나아가, 2015고합75 사건의 피고인으로부터 압수된 **미화 75,000달러와 관련**하여, 검찰은 이를 피고인의 필로폰 매수 자금으로 보고, 량○○이 피고인에게 필로폰을 판매하고 피고인이 량○○으로부터 이를 매수하기로 했던 것으로 공소제기하였으나, 이는 피고인이 검찰 2회 이후 진술대로 **필로폰 매수 자금이 아니라 량○○에게 우선 빌려 줄 돈**으로 생각하고 가져간 것이었습니다. 당시 피고인과 량○○ 사이에 필로폰 1kg의 가격을 미화 75,000달러로 하기로 흥정한 것은 사실이나, 량○○은 박○○을 통하여 피고인에게 물건이 도착하기 전에 우선 필로폰 1kg 가격 상당의 돈을 좀 "해 달라"(빌려 달라)는 취지로 부탁하여[2] 피고인은 "알아 봐 주겠다"(그렇게 하겠다)고 하면서 박○○에게 통역을 하게 했습니다. 그리하여 이미 량○○과의 신뢰 관계가 형성되어 있었던 피고인은 추후 일본 또는 국내에서 매수자가 나타나 필로폰 매매 알선이 이루어지면 그 지급받은 대금에서 위 채권을 상계하기로 생각하고 필로폰이 도착하기 전임에도 돈을 미리 준비하여 갔던 것입니다. 그런데, 대만에서 태어나 대학까지 줄곧 대만에서 거주하여 중국어보다 상대적으로 한국어에 약했던 박○○이 통역을 정확하게 하지 못하여 이러한 내용이 제대로 전달되지 못하고 량○○이나 박○○은 마치 피고인이 량○○으로부터 필로폰을 매수하는 것처럼 이해를 하였던 것으로 보입니다.[3]

물론, 위 박○○과 량○○의 진술에다 량○○과 피고인의 흥정 결과 필로폰 1kg 가격을 미화 75,000달러로 정한 사실 등을 놓고 보면 위 75,000달러는 필로폰 매수 자금이라고 판단할 수밖에 없어 보이기는 합니다. 그러나 다음과 같은 점을 보면 위와 같은 피고인의 주장도 수긍이 되는 측면이 있습니다.

첫째, 모든 마약 거래에 있어, 물건과 현금은 항상 현장에서 동시에 주고받는 것이 철칙으로 되어 있다고 하는데 피고인이 물건이 도착되었다고 연락을 받기 전이었음에도 돈을 준비하여 갔던 점[4], 둘째, 피고인의 전과 기록상으로나 본건 2015고합387호 사건 등에서 보듯이 피고인은 필로폰 매매 알선을 주로 많이 하는 것으로 보이는 점, 셋째, 피고인이 위 75,000달러를 압수당한 직후부터 계속하여 환부 요구[5]를 한 점(인천지검 2015형제204호, 7814호, 11806호 증거기록 2권 7-8쪽 압수조서 중 "환부 요구" 기재 참조) 등이 그것입니다(피고인이 체포 직후 모든 범죄사실을 순순히 자백하면서도 유독 위 75,000달러의 환부를 요구하였던 것은 피고인의 입장에서는 이를 분명히 량○○에게 빌려 줄

---

2) 당시 박○○이 통역을 잘못한 것인지, 아니면 피고인이 잘못 들었는지는 몰라도 피고인은 분명히 그런 취지로 이해를 하였습니다.
3) 이와 관련하여, 박○○이나 량○○은 검찰 진술에서, 피고인이 필로폰 대금을 (미리) 가져온 이유를 알지 못하겠다는 취지로 진술한 바 있는데, 위 두 사람은 량○○이 피고인에게 물건(필로폰) 도착 전에 돈을 좀 해 달라고 했던 사실을 기억하지 못하였거나 역시 통역이 정확하게 되지 못하여 그런 것이 아닌가 생각됩니다.
4) 량○○과 박○○의 검찰 진술에서 "피고인이 필로폰 대금을 (미리) 가져온 이유를 알지 못하겠다"는 것도 이러한 마약 거래 관행과 무관한 것이 아닙니다.
5) 피고인은 체포 현장에서 위 75,000달러를 입수당하기 전에 먼저 수사관에게 위 75,000달러를 스스로 내놓으면서 '이것은 다른 사람에게 빌려 줄 돈'이라고 하면서 '보관했다가 나중에 돌려 달라'고 요구하였다고 합니다.

돈이라고 생각하고 있었기 때문이었고, 만약 이를 필로폰 매수자금으로 알고 있었다면 모든 범죄사실을 자백하는 마당에 환부 요구도 하지 않았을 것입니다).

그러함에도 피고인의 검찰 1회 진술에서 마치 위 75,000달러가 필로폰 매수자금이라는 취지로 진술이 되어 있는 것은, 피고인이 당시 량○○에게 빌려 줄 돈이라는 말을 분명히 하였으나 체포 직후여서 경황이 없었던 데다 조서 내용도 세밀히 검토하지도 못한 채 서명무인을 하였던 탓으로 아마도 '량○○에게 빌려 줄 돈'이라는 취지가 제대로 반영이 되지 않았던 것으로 보입니다.

나. 피고인은 이 사건 범행에 대하여 모두 인정하고 반성하고 있으며, 앞으로 이러한 행위를 다시는 저지르지 않을 것을 다짐하는 마음에서 자신이 알고 있는 마약사범에 대해 수사기관에 수사 정보를 제공하는 등 최대한 수사에 협조하였습니다.

피고인은 자신의 지난날을 반성하고, 다시는 이러한 행위를 저지르지 않을 것을 스스로 다짐하면서, 자신이 알고 있는 마약 사범 정보를 수사기관에 제공하는 등 수사에 적극 협조하였습니다.

즉, 피고인은 이번 사건을 계기로 자신의 <u>지난 과오를 모두 수사기관에 고백·자백하고, 모든 죄를 달게 처벌받은 다음 새롭게 시작하고자 하는 마음에서 자신의 과거 행적에 대하여 소상히 수사기관에 털어놓기도 하였습니다</u>(인천지방법원 2015고합387호 사건의 증거기록 중 피고인에 대한 제1회 내지 제3회 피의자신문조서 등 참조). 또한, 이 사건 관련 공범인 공소외 <u>김□□ 등의 인적사항, 사진, 김□□과 관련된 자들의 역할 등을 수사기관에 제보</u>하면서, 수사기관의 마약사범 퇴치에 적극 협조하였습니다.

특히 피고인은 <u>공소외 이○○을 통하여</u>, 이 사건과 직접적 관계는 없으나 마약밀수 또는 <u>판매, 매수 등과 관련된 자들을 수사기관에 제보</u>하면서 자신의 적극적 수사협조 의지와 '마약 밀수, 판매 등과는 인연을 끊겠다.'는 의지를 표명하기도 하였습니다. 구체적으로 피고인은 자신의 지인을 통하여 ① 2010년경 부산교도소에서 수형 생활을 하면서 알게 된 사건 외 '박☆'을 검찰에 제보하여 위 박☆을 **필로폰 50g 매수 혐의로 체포·기소**되게 한 사실이 있고, ② 대규모 마약 조직의 우두머리인 공소외 '이◇◇'의 필로폰 1.5kg 밀수 첩보'를 검찰에 제보하여 **그 공범이 체포**되도록 하기도 하였습니다.[6]

피고인의 **위와 같은 수사협조 및 제보 행위는 비록 이 사건 원심 공판 과정에서 주장·반영되지는 못하였으나**, 피고인의 형량을 판단함에 있어서 매우 중요한 자료 중의 하나라고 할 것인바, 부디 재판부께서 이러한 점을 참작하시어 원심 법원 양형의 적정성을 판단하여 주시기를 부탁드립니다.

다. 피고인이 관련된 이 사건 필로폰 밀수 범행으로 인한 필로폰은 거의 대부분 압수되어 국내에 유통되지 아니하였습니다.

비록 피고인이 2012. 12. 2. 경 김◇◇을 통하여 국내로 밀수한 필로폰 1kg은 공소외 김□□에게 판매되어 국내에 반입되기는 하였으나, 그 외 2013. 1.6. 자로 밀수된 필로폰 2,166.07그램, 2015. 1. 26. 자로 밀수된 필로폰 2kg은 모두 수사기관에 압수되어 국내에 유통되지 아니하였습니다.

위와 같은 필로폰의 압수 역시 피고인에 대한 양형을 고려함에 있어서 참작되어야 할 사유로서, 분이 선고된 공범인 린○○, 박○○에 대한 양형을 고려함에 있어서도 위와 같은 사정이 참작되었다는 점을 고려하면, 피고인에 대한 이 사건 원심 법원의 형량은 지나치게 과중하다고 할 것입니다.

---

6) 위와 같은 피고인의 수사기관에 대한 첩보 제공 사실은 그 사안의 특성상 이 사건 증거 기록에는 전혀 나타나 있지 않습니다. 그러나 이 사건 수사 도중 피고인 및 피고인 지인의 첩보 제공으로 수사에 진척이 있자, 당시 **담당수사관이었던 인천지방검찰청 박영기 수사관은 '피고인의 공적이다.'라고 피고인에게 말**하며, 수사 협조 노력에 고마움을 표시하기도 하였다는바, 피고인의 변호인은 위와 같은 피고인의 첩보 제공 사실을 검찰청에 대한 사실조회 회신을 통하여 확인하거나 피고인에게 첩보 단서를 제공한 지인을 통하여 이를 입증할 계획입니다.

라. 피고인은 현재 만 70세의 고령으로, 오랫동안 수형생활을 하기에는 건강이 매우 좋지 않고, 피고인의 가족 또한 피고인에 대한 선처를 탄원하고 있습니다.

피고인은 현재 만 70세의 고령으로서 심근경색, 고혈압, 당뇨, 폐기종, 왼쪽 다리 협착증 등 여러 가지 질병을 앓고 있는바, 위와 같은 질병의 치료를 위해 2012년경의 필로폰 밀수 사건으로 도피 중인 때부터 현재까지 계속하여 병원 진료를 받아 왔습니다(피고인은 도피 중이었던 관계로 자신의 명의로 의료보험을 적용받지 못하고, 부득이 피고인의 동생 명의로 진료를 받아 왔습니다[7]).

구체적으로, 피고인은 평소 심근경색 증상으로 가슴 중앙 부근이 뜨겁고, 호흡을 제대로 할 수 없는 증상을 간헐적으로 겪고 있으며, 피고인의 모친이 심근경색으로 사망하고, 피고인의 누나가 심근경색으로 수술을 받는 등 심근경색 질환에 대한 가족력이 있어 그 질환의 정도가 매우 위험하다고 보여집니다. 또한, 혈압 수치가 160mmHg에 이르고 있어 평소 약을 복용하지 않으면 혈압 수치가 높아져 일상생활이 어려울 때가 있으며, 혈당 수치가 280mg/㎗ 정도의 당뇨 질환도 앓고 있어, 지속적인 병원 진료가 필요한 상황입니다.

그러나 현재 피고인이 수용되어 있는 안양교도소의 경우, 그 시설이 매우 열악하고 진료를 받기 위한 대기 순번도 매우 길어, 피고인이 제대로 된 외부 의료 서비스를 받기 위해서는 몇 개월을 대기하여야 하는 상황입니다.

이러한 상황에서, 피고인은 자신의 행위에 비하여 다소 과한 형량이 선고된 관계로, '자신은 교도소에서 생을 마감할 것이다.'라는 생각에 매우 심한 우울 증세와 스트레스를 겪고 있습니다.

피고인의 건강과 심리 상태가 위와 같은바, 부디 위와 같은 사항도 고려하시어 피고인이 '자신의 죗값을 달게 받고 출소하여 가족들과 함께

---

7) 이와 같은 사정으로 인해 원심 공판 과정에서는 진단서 등 피고인의 건강상태에 대한 객관적인 자료가 현출되지 못하였으나, 추후 진료기록이나 진단서 등 제출을 통해 피고인의 건강상태에 대한 소명을 할 계획입니다.

남은 여생을 보낼 수 있는 기대'를 가질 수 있도록 선처하여 주시기 바랍니다.

5. 결론

원심 법원이 판시한 바와 같이, 필로폰의 밀수입은 단순 투약 등으로 인한 범죄보다 사안과 죄질이 중하다고 할 수 있습니다. 그러나 앞서 본 바와 같이, 피고인은 이 사건 필로폰 밀수 범행에 주도적 역할을 한 자가 아니라, **단순히 알선책에 불과한 자로서 이 건 범행을 먼저 제의해 온 밀수자들의 일부 행위를 보조**하였을 뿐이라고 할 것입니다.

또한, 피고인에게 비록 동종전과가 있고, 3차례에 걸쳐 필로폰을 밀수입하였다고는 하나, 2012. 12. 2. 및 2013. 1. 6.의 필로폰 밀수는 일련의 과정에서 함께 이루어진 것으로 보아야 할 것이고, 2015. 1. 26.의 밀수 역시 피고인의 의사 반영 없이 공동피고인 량○○의 의사가 강하게 반영되어 국내로 반입된 점도 있다고 할 것인바, 이러한 점도 고려되어야 할 것입니다.

그 밖에 앞서 말씀드린 피고인의 범죄 자백과 적극적 수사협조 및 제보, 피고인의 연령과 가족들의 탄원, 피고인의 현재 건강상태 등을 고려하였을 때, 피고인에 대한 원심의 양형은 지나치게 무거워 부당하다고 할 것이므로 부디 원심을 파기하고 법이 허용하는 범위 내에서 최대한 관대한 판결을 선고하여 주시기를 간곡히 바랍니다.

○○○○ 년 ○○ 월 ○○ 일

피고인(항소인)의 변호인

법무법인(유한) ○○

담당변호사　정 ○ ○

담당변호사　오 ○ ○

담당변호사　조 ○ ○

담당변호사　김 ○ ○

서울고등법원 제2형사부(나) 귀중

항 소 이 유 서

사　　건 : 20○○노 ○ ○ ○ ○ 특정범죄가중처벌등에관한법률위
　　　　　　반(절도)
피 고 인 : ○ ○ ○

위 피고인에 대한 특정범죄가중처벌등에관한법률위반(절도) 사건에 관하여
위 피고인은 다음과 같이 항소이유를 개진합니다.

- 다　　음 -

1. 사실오인의 점

피고인은 이 사건 범행을 부인합니다. 피고인이 ○○○역에서 ○○역으
로 진행하는 전동차에 승차하였다가 이 사건 범행 시각 즈음 ○○역에
서 하차한 것은 사실이나, 피고인은 원심 판시와 같이 피해자 ○○○
소유의 손지갑을 절취한 사실이 없습니다.

2. 양형부당의 점

가사 원심과 같이 피고인을 유죄로 인정한다 하더라도 피고인에게는 다
음과 같은 정상이 있습니다.

가. 이 사건 피해품은 현장에서 즉시 소유자에게 회복되었습니다.
나. 피고인은 심장이 좋지 않아 수년 전부터 ○○대학병원 등에서 입원

및 통원치료를 받은 전력이 있습니다.

다. 피고인은 국민기초생활보장법 제2조 제2호의 규정에 의한 수급자입니다.

라. 피고인은 건축목공 2급 자격증을 소지하고 있습니다.

마. 피고인은 19○○. 이래 ○○년 이상의 수감생활을 하였습니다.

이들 사정에 비추어 보면, 피고인은 경제적 궁핍을 타개하기 위해 어쩔 수 없이 재범에 이른 것으로 보입니다.

○○○○ 년 ○○ 월 ○○ 일

위 피고인 ○○○

○○고등법원 형사 ○부 귀중

【항소이유서④】 범죄사실은 인정하나 양형이 부당하다고 하여 항소이유를 보충한 경우

항 소 보 충 이 유 서

사　　건 : 20○○노 ○ ○ ○ ○ 상해

피 고 인 : ○ ○ ○

위 피고인에 대한 상해 사건에 관하여 위 피고인은 다음과 같이 항소이유를 보충합니다.

- 다　　음 -

1. 원심 판시 범죄사실의 인부

　　피고인은 원심 판시 범죄사실은 모두 시인합니다.

2. 양형부당의 점

　가. 피고인은 정신분열증 진단을 받아 병원에서 입원치료를 받은 적이 있고 지금도 약을 복용하고 있으며 장애인복지법에 따른 정신지체 3급의 장애인입니다. 피고인은 고등학교 1학년 때부터 갑자기 학교를 나가지 않는 등 정상인과 같은 정도의 사회적응력을 갖추지 못하고 있습니다. 이 사건 범행도 특별한 동기 없이 범행 당시의 기분에 따라 우발적으로 행한 것입니다.

　나. 이 사건 피해자는 피고인의 아버지가 운영하는 정육점에 자주 들러

피고인 부모님과 알고 지내는 사이입니다. 피고인의 어머니는 피해자에게 치료비 조로 금 100만원을 주려하였으나 피해자가 금 500만원을 요구하여 합의에는 이르지 못하였습니다.

다. 피고인에게는 폭력행위로 인하여 벌금 100만원을 선고받은 외에는 다른 범죄 전력이 없으며 5개월이 넘는 미결구금기간을 통해 본 건 범행을 깊이 반성하고 있습니다.

3. 결 론

이상의 정상과 기타 기록상 드러나는 자료를 참작하시어 피고인에게 원심에 관대한 형을 선고하여 주시기를 바라며, 항소보충이유서를 제출합니다.

○○○○ 년 ○○ 월 ○○ 일

위 피고인 ○ ○ ○

○○지방법원 형사항소 제○부 귀중

항 소 이 유 서

사　　건 : 20○○노 ○○○○ 사기
피 고 인 : ○ ○ ○

위 사건에 관하여 피고인은 다음과 같이 항소이유를 개진합니다.

- 다　　음 -

1. 피고인의 항소 이유

피고인은 사실 오인, 법리 오해, 양형 부당을 이유로 항소하고 있습니다. (피고인이 제출한 항소이유서에는 일부 인정한다고 기재하기는 하였으나, 이는 피고인이 피해자로부터 금전을 차용한 사실에 대하여 일부 인정한다는 것일 뿐, 범의까지 인정한다는 취지는 아닙니다.)

2. 피고인과 피해자 사이의 관계

피해자는 2009. 11.경 피고인으로부터 피고인이 판매하는 키토산 등 건강식품, 화장품, 등을 구매하게 되면서 알게 된 사이로, 둘의 관계는 급속도로 가까워져 피해자가 피고인에게 두어 차례 결혼을 하자고 요청하였고(증거기록 305,306면), 피의자도, '고소인을 알게 된지 1년 정도 지났을 때 혼인신고를 하자고 하였는데, 한번쯤은 생각해 보았으나 고소인의 휴대폰에 남자 이름의 전화번호가 많이 저장되어 있고, 여주에 사귀고 있는 남자도 있어서 결혼까지는 가지 아니하였다'고 하였습니다. 그렇다면 피고인과 피해자는 결혼에 대하여 고려할 정도로 긴밀한 관계였다고 할 것입니다.

3. 피고인은 피해자로부터 돈을 차용하면서 어떠한 기망행위도 한 사실이 없습니다.

가. 차용한 사실을 인정하는 돈

범죄일람표 2010.05.24. 2백만원, 2010.03.17. 1,500만원, 2010.05.06. 35만원, 2010.05.20. 60만원, 2011.04.23. 200만원에 대하여, 피고인은 피해자로부터 여주시 소재 수동성관광농원 참숯가마 시설에서 상점을 개설하는 사업비용 등으로 차용하였습니다(범죄일람표 1, 3, 5, 6, 16).

나. 피고인이 피해자에게 차용금의 용도를 기망하였는지 여부

피고인은 피해자에게 차용하는 돈의 용도에 대하여 위 숯가마 시설의 보증금 및 운영비로 사용한다고 밝혔고, 실제로도 그렇게 하였습니다. 피해자는 피고인이 사업을 제대로 운영하는지 확인해 보려고 위 숯가마 시설에 직접 방문하기도 하였습니다(증거기록 37면).

다. 피고인이 피해자에게 사업 전망 등에 대하여 기망하였는지 여부

피고인은 위 숯가마 시설에서 종전에 물건을 판매하였던 사람이 돈을 많이 벌었다는 이야기를 믿고 이 사업을 추진하였던 것이고, 피해자에게도 이 사실을 그대로 고지하였을 뿐, 사업방식이나 전망에 대하여 어떠한 기망도 한 사실이 없습니다(공판기록 92면 참조).

라. 피고인과 피해자의 관계에 비추어 본 기망사실 존부

위에서 본 바와 같이 피고인과 피해자는 2010년도에 결혼 이야기를 할 만큼 긴밀한 관계였습니다. 피해자는 피고인에게 돈을 빌려주면서 이자나 변제기도 정하지 아니하였고, 단지 피고인이 숯가마 사업을 하는데 사용하겠다고 말한 것을 신뢰하고 돈을 빌려주었는바, 이는 피해자가 피고인의 환심을 사기 위하여 돈을 순순히 빌려준 것일 가능성이 높고, 피고인이 별다른 기망을 할 이유도 없었던 것입니다. 피해자역시 "'피의자가 심사숙고를 해 보고, 어머니한테도 인사를 시키겠다'고 말을 하였고, 그래서 피의자가 어렵다고 하면 돈을 계좌이체도 하여 주고 그러다보니 돈이 이렇게 많이 피의자에게 넘어간 것입니다"고 하였습니다(증거기록 305면).

마. 소결

피고인은 위 숯가마 시설에서의 사업을 위해 피해자로부터 돈을 빌렸고, 이 과정에서 피고인의 자력이나 사업 전망 등에 대하여 기망한 사실이 없고, 피해자 역시 피고인의 환심을 사려는 목적으로 순순히 돈을 빌려준 것이므로, 피고인이 어떠한 기망행위를 하였다고 보기 어렵습니다.

4. 차용금을 제외한 나머지 돈은 물품대금으로 변제받은 것이지 차용한 것이 아닙니다.

피고인이 위에서 차용금으로 인정한 것 이외의 돈은 피해자가 피고인에게 물품대금으로 지급한 돈일 뿐, 차용금이 아닙니다.

피해자가 피고인으로부터의 구입하였다고 인정하는 물건과 가액을 보면, 키토산 1박스에 50만원, 흑마늘 1박스에 19만5,000원에 구입하였고, 피해자가 직접 구입한 키토산 4박스, 흑마늘 5박스이고, 다른 사람에게 팔아준 키토산이 6박스라고 인정하고 있습니다(증거기록 318면). 피고인이 인정한 액수만 따지더라도 678만원 {(키토산 10박스×50만원)+(흑마늘 5박스×195,000원)}에 달합니다.

그런데 피해자는, 건강식품 대금에 대하여 항상 현금으로 직접 지급하였고 계좌로 송금한 적은 없다고 하였다가(증거기록 317면), 이를 번복하여 입금하기는 하였으나 이 사건 공소사실과는 무관하다고 하며 입금일자가 기재된 자료를 제시하는 등(증거기록 449면) 피해자 진술 자체로도 일광성이 없습니다.

또한, 피해자가 입금하였다고 하며 제시한 자료에 기재된 액수를 보더라도 가장 높은 액수가 33만원이고 그 합계액도 1,557,000원에 불과한바(증거기록 449면), 이는 피해자가 구입하였다고 인정하고 있는 액수에도 한참 미치지 못하는 액수입니다.

게다가 피해자가 스스로 인정하다시피 "피의자가 거래하는 물건을 많이 여기저기에 팔아주었다"고 하고 있는바(증거기록 305면), 피해자가 다른 사람에게 팔아준 물건이 위 키토산 6박스보다 많았을 가능성도 얼마든지 있습니다. 또한 피고인이 피해자에게 화장품도 판매하였고, 피해자는 이를 직접 구입하거나 지인들에게 팔아주었다고 하고 있는바, 화장품 대금 역시 피해자가 빌려주었다고 주장하는 돈에 포함되어 있을 가능성이 있습니다.

5. 양형 참작 사유

(1) 피고인에게 다수의 전과가 있기는 하나 사기와 관련해서는 2014.03.31. 기소유예 한 건을 받은 것 외에는 전력이 없습니다.

(2) 피고인은 상세불명의 척추병증, 우울병 등 건강이 몹시 좋지 않습니다. (공판기록 21, 22면)

(3) 피고인은 대장암 4기로 투병 중인 피고인의 모를 그 동안 간병하여 왔는데(공판기록 35면), 피고인이 구금되는 바람에 피고인의 모는 현재 제대로 된 보살핌을 받지 못하고 있습니다.

6. 결론

위 사정을 참작하시어 피고인에게 관대한 처벌을 내려주시기 바랍니다.

참 고 자 료

1. 국민권익위원회 민원이송알림

○○○○ 년 ○○ 월 ○○ 일

위 피고인 ○ ○ ○

○ ○ 지방법원 형사항소 제○부 귀중

제7장
상고이유서

상 고 이 유 서

사   건 : 20○○도 ○○○○ 사기
상고인(피고인) : ○ ○ ○ (-   )
원   심 : ○○지방법원 20○○노 ○○○○(20○○형 제○○○○○)

- 다   음 -

처음부터 끝까지 사실이 아니라고 이야기했으나 어찌된 일인지 진실은 정반 대로 왜곡되었습니다. 70평생을 살면서 억울해도, 억울해도 이렇게 억울할 수가 없어 피를 토하는 심정으로 상고이유서를 작성하여 제출하오니 세밀히 살펴보시고 파기 환송하여 진실을 바로잡을 수 있는 기회를 마련해 주실 것 을 간곡히 부탁드립니다.

1. 상고이유의 논점 및 실체적 진실

(1) ○○시 ○○동 ○○○-○ 소재 집합건물 ○○○호(이하 '○○○호' 라고 만 하겠습니다.) 부동산전세계약서를 작성할 때 피고인 ○○○가 참석 했는지, 피고인 ○○○가 ○○○이 '○○○호' 계약서로 LH공사에서 신 혼부부전세임대지원을 받은 사실을 당시 알고 있었는지 여부가 이 사건 의 핵심논점입니다.

(2) 실체적 진실은 피고인 ○○○는 '○○○호' 부동산전세계약서를 작성할 때 참석하지 않았으며, ○○○이 '○○○호' 부동산전세계약서를 제출하 고 LH공사에서 신혼부부전세임대지원을 받은 사실을 당시 모르고 있었 다는 사실입니다.

① 피고인 ○○○가 '○○○호' 부동산전세계약서를 작성할 때 참석했거나 ○○○이 '○○○호' 부동산전세계약서제출하고 LH공사에서 신혼부부전세임대지원을 받은 사실을 당시 알고 있었다면 피고인 ○○○는 10년이 아니라 20년의 형을 받아도 수용하겠습니다.

② 사실이 아닌데 사실인양 왜곡되어 형이 선고된 것은 완전히 사실 인정에 중대한 착오와 법률위반이 있는 것으로 이를 바로잡아야 억울한 사람을 구제할 수 있는 것입니다.

(3) 이러한 사실을 직접 체험으로 알고 있는 당사자 본인이 아무리 사실을 이야기해도 믿어주지 않고 원심과 1심 판결은 반대해석을 하고 있으니, 우리속담에 서울 본 사람과 서울 안본 사람이 다투면 서울 안본 사람이 이긴다는 말이 있는데 바로 이를 두고 한 말인 듯합니다.

3. 사실의 왜곡과정 설명

(1) 경찰수사단계에서 ○○○과 ○○○는 피의자 신분이었고 ○○○는 참고인 신분이었습니다.

① ○○○는 개업공인중개사로 오랜 기간 ○○○가 지은 연립주택 등을 매각하거나 전세를 놓을 때 중개를 해왔습니다. 따라서 ○○○는 ○○○의 핸드폰번호 등 인적사항을 알고 있었습니다.

② ○○○는 중개할 때 편의를 위하여 연립주택 명의인인 ○○○의 도장을 공인중개사 ○○○에게 맡겨놓고 있었습니다. 정식으로 부동산 매매나 전세계약서를 작성할 때는 언제나 등기명의인을 기재하고 ○○○를 대리인이라 명기하고 ○○○가 직접 기명날인하였습니다.

LH공사에 제출된 '○○○호' 부동산전세계약서에는 대리인 ○○○라는 기재가 없고 ○○○의 날인도 없습니다. 이는 ○○○가 '○○○호' 계약서 작성에 관여하지 않았다는 것을 문서로서 명문으로 말해주고 있는 것입니다.

○○○의 핸드폰번호는 ○○○나 ○○○이 알고 있었기 때문에 그중 누가 기재하였을 것으로 추측됩니다.

③ 경찰수사단계에서 ○○○는 참고인이었기 때문에 피의자 신분으로 조사를 받던 ○○○ 등이 선처를 받기를 진심으로 바랐습니다. 그런 연유로 ○○○가 원하는 진술을 해달라고 부탁하면 거절할 수가 없었습니다.

(2) 사건이 검찰로 송치되고 ○○○과 ○○○ 등의 조사와 대질조사까지 마친 후 참고인인 저를 불렀습니다.

① 30여년 이상을 건축업에 종사하고 70평생을 살아오면서 별의별 사람을 만나보고 별의별 일을 다 겪어보았지만, 검찰 조사 받을 때 검찰 계장으로부터 받은 수모는 평생을 잊을 수 없을 것 같습니다.

② 불리한 진술 거부 등 미란다 원칙의 고지도 없이 시작된 조사는 수십년 연장자에서 반말로 어찌나 불쾌하게 하던지 참고인에게 어떻게 이렇게 할 수 있는지 물었고 피의자로 변경될 수 있다며 어찌나 불쾌하게 하던지 더 이상 이런 식의 조사는 받을 수 없다며 다음에 변호사와 동행해서 조사를 받겠다고 하고 조사실을 나왔습니다.

③ 다음기일에 변호사와 동행해서 조사를 받았으며 사실대로 진술 하였습니다.

④ 검찰조사 시 내 평생 겪어본 제일 버릇없는 인간인 검찰계장으로부터 조사를 받았지 검사로부터 조사를 받은 적은 없습니다.

검찰계장 작성 피의자신문조서이지 검사 작성 피의자신문조서라는 것은 전부 허위로 기록된 공문서인 것입니다. 무엇보다도 사실은 위대한 진리이며 누가 뭐라 해도 사실이 그렇습니다.

4. 재판과정 설명

(1) 1심 재판 때 뉴쌍용공인중개사 ○○○의 처를 증인신문 할 때 제가 선임한 변호사께서 계약 시 ○○○가 참석했는지 물었고, 증인은 근래 두 번 보았다고 답변 하였습니다. 재판 도중 판사님이 ○○○은 어디 있느냐고 물었고 방청석에서 ○○○이 여기 있습니다고 했습니다. 그때 판사님이 계약서 작성시 ○○○가 참석했습니까라고 물었고 ○○○은 참석하지 않았다고 큰소리로 답변하였습니다.

① 판사님이 ○○○을 바로 재정증인으로 증인석에 세우고 일반사항 고지 후, 변호사가 계약서 작성 시 ○○○가 참석했습니까라고 묻자 바로 판사님이 가로채 불필요한 말을 잘못 말을 하면 상대방에게 피해가 갈 수 있고 형사처벌 받을 수 있다고 경고하자 증인은 기억이 없습니다라고 답변하였습니다.

② 증인신문이 끝나고 ○○○가 존경하는 판사님께 한 말씀드려도 되겠습니까 라고 물었더니 판사님이 큰 소리로 안됩니다 하시길래 무엇가 잘못되어가고 있음을 직감으로 느꼈습니다.

③ 이후 핵심적인 증인인 LH공사 대리인 법무사를 증인신청하였으나 받아들여지지 않았습니다.

④ 1심 판결은 ○○○는 무죄, ○○○은 징역 6월에 집행유예 2년, 저는 징역 8월을 선고하고 법정구속 되었습니다.

(2) 항소심 재판과정
'○○○호' 부동산전세계약서 작성 시 LH공사 대리인인 법무사 ○○○을 증인으로 심문하였습니다.

① 법무사 ○○○은 '○○○호' 부동산전세계약서 작성 시 참석하지도 않았고 직원으로부터 보고받은 적도 없다고 증언하였습니다.

② LH공사에서 법무사 ○○○에게 계약서 작성 시 대리인으로 참석하도록 위임하였다면 법무사 본직이 참석했어야 합니다. 법무사 본직이 참석하지도 않았고 보고받은 적도 없다니 이게 현실이며 서류로만 모든 것이 이루어 졌을 것으로 추정합니다.

③ 법무사 사무실 사무원을 증인으로 신청하였습니다. 사무원도 계약서 작성시 참석하지 않았다고 답변하였습니다.

④ 제가 계약서 작성 시 참석하지 않았기 때문에 이를 입증하기 위하여 LH공사 대리인인 법무사 ○○○과 법무사 사무원을 증인으로 신청해서 저를 본 적이 있는지를 물었던 것이고, 법무사나 사무원 자신들도 계약서 작성 시 참석하지 않았음이 밝혀졌습니다.

⑤ 계약서 작성 시 제가 참석했다는 입증책임은 검사에게 있습니다. 사실이 정 반대로 왜곡되어 이를 바로잡고자, 제가 참석하지 않았다고 입증하기 위하여 계약 시 참석한 것으로 되어 있는 LH공사 대리인인 법무사 ○○○과 법무사 사무원을 증인으로 신청하여 신문한 것입니다. 이는 완전히 입증책임이 전도된 것이나 제가 계약 시 참석했다는 증거도 없는 것입니다.

5. 원심판결의 형사소송의 기본 원칙(법률) 위반에 대하여

원칙 1 : 범죄의 성립여부는 검사가 입증하여야 합니다.
원칙 2 : 의심스러울 때는 피고인의 이익으로 판단하여야 합니다.

(1) 검사는 '○○○호' 부동산전세계약서 작성 시 피고인 ○○○가 참석했다는 사실 및 ○○○이 '○○○호' 부동산전세계약서를 제출하고 LH공사에서 신혼부부전세임대지원을 받은 것을 피고인이 당시 알았다는 사실을 입증하지 못하였습니다.(실체적 진실이 참석하지 않은 것이고 몰랐던 것이기 때문에 입증한다면 검사는 무에서 유를 창조한 것입니다.)| 반대로, 계약서 작성 시 제가 참석하지 않았다는 사실을 입증하기 위하여 LH공사 대리인인 법무사 ○○○ 및 그 사무원을 피고인 측에서 증인으로 신청하여 신문했던 것입니다.

(2) 원심판결은, 검사가 '○○○호' 부동산전세계약서 작성 시 제가 참석했다는 사실 및 ○○○이 '○○○호' 부동산전세계약서제출 하고 LH공사에서 신혼부부전세임대지원을 받은 것을 당시 알았다는 사실을 입증하지 못했는데도 그리고 의심스러울 때는 피고인의 이익으로 판단하여야 한다는 형사 소송의 대원칙(법률)을 위배하고 유죄를 인정한 잘못된 판결입니다. 따라서 원심 판결은 파기 환송되어야 마땅합니다.

6. 사기죄가 성립되는지 여부

(1) 피고인은 ○○시 ○○동 ○○○-○ 소재 집합건물을 건축한 위 집합건물 전체의 실제 소유자입니다.

(2) 임차인은 당연히 임대보증금을 집주인에게 납부하여야 합니다.
집합건물 '○○○호'에 실제로 세든 ○○○으로부터 임대보증금을 받은 것이 왜 사기가 되는 것입니까?

① 임차인 ○○○이 임차보증금을 어떻게 마련했는지는 집주인이 알려고도 하지 않았고 알 필요도 없는 것입니다. ○○○이 '○○○호'에 세든 것은 사실이며 '○○○호'의 실질적인 소유주로서 제가 임차보증금을 받은 것은 사실입니다.

② ○○○이 무슨 이유에서 어떤 문서를 어떻게 허위로 작성하여 LH공사에 제출했는지는 저는 모르며, 제가 알았으면 당연히 거부했을 것입니다.

③ ○○○이 누구와 공모하여 허위문서를 작성했는지는 모르나 맹세코 피고인인 저는 하늘에 맹세코 아닙니다.

(3) 사기 (형법 제347조) : 사람을 기망하여 재물의 교부를 받거나 재산상의 이득을 취득한자

① 저는 누구를 기망한 적도 없으며 '○○○호' 임차인으로부터 임차보증금을 받은 것뿐입니다. 제가 누구를 기망했다는 것입니까?

② 임차인을 잘못 드려 얼마나 많은 피해를 보았는지는 1심에서 제가 작성해서 제출한 변론요지서에 세세히 설명 드렸습니다. 임차인 ○○○으로 인해 저는 LH공사에 못지않은 금전적 피해와 스트레스를 받았으며, 본 사건에 억울한 누명을 쓰고 8개월의 실형을 선고받고 법정구속되어 8개월의 옥고를 치렀습니다.

(4) 원심판결은 임차인으로부터 임차보증금을 받은 정당한 권리자인 집주인을 사람을 기망하여 재물의 교부를 받았다고 사기죄로 집주인을 처벌한 위법이 있습니다. 어느 모로 보나 원심판결은 무에서 유를 창조한 오판으로 파기환송 되어야 마땅합니다.

7. 대법관님!

만약 제가 '○○○호' 계약서 작성 시 참석했다거나 ○○○이 허위작성한 문서로 LH공사에서 대출받은 사실을 당시 알았다면 저는 사형을 선고받아도 감내하겠습니다.

너무도 억울한 본 사건에 대하여 세세히 살펴보시고 파기 환송 판결을 내리시어 바로잡을 수 있는 기회를 주시기를 간청 드립니다.

○○○○ 년 ○○ 월 ○○ 일

위 상고인(피고인) : ○ ○ ○ 올림

대법원 귀중

보 충 상 고 이 유 서

사　　　건 : 20○○도 ○○○○○호 모해위증
피 고 인 : ○ ○ ○

위 사건에 관하여 피고인은 다음과 같이 보충 상고이유서를 제출합니다.

- 다　　음 -

1. 원심은 피고인이 마치 법률의 전문지식으로 형사고소장과 항고장 등을 제출하여 아무런 죄도 없는 피해자에게 모해 위증을 했다고 하여 ○○ 지방법원에서 8월의 실형으로 법정 구속 되었습니다.

2. 공소의 ○○○의 사주로 민, 형사에 직 간접으로 현금 1억원 이상을 피해자에게 본 공소의인 에게 전달해 준다고 하여 믿고 있다가 공소의가 피고인을 배신함으로 결국 민, 형사로 그 많은 돈을 회복하기 위해 이것저것 했던 것이 엉키여 돈은 돈대로 때이고 억울하게 구속이 되었습니다.
○○구치소에서 자살까지 결심도 했으며, 하루하루가 너무도 버거웠고, 가족까지 등을 돌려 많이도 힘들었습니다. (후일 가족들이 돈 떼이고 구속되었다는 것을 후일 인지하고 정(精이)회복 되었습니다.)

3. 피고인이 그 많은 돈을 떼이고 가정은 풍지 박살 되었는데 무슨 염치로 사선을 선임하겠습니까, 그래서 국선으로 조력을 받았고, 국선역시기록 검토로 실체적으로 억울하게 구속 되었다는 사실을 알고, 2심 재판에서 최선을 해주셨습니다.
그러므로 피고인은 밤잠을 설치며 기초적 사실관계를 의견서로 재판부에 입증서류로 제출했습니다.

4. 원심은 피해자의 진술만으로 피고인에게 원심 판시 모해위증을 하였다고 판단하였으나, 이 사건 범행의 주도적 역할을 한 공소외 ○○○에 대한 증거조사가 이루어지지 않았습니다.

5. 현재, 위 소의 ○○○은 이 사건과 같은 범죄사실로 기소되어 ○○지방법원 형사항소부에서 국선변호인은. 피고인의 재판과정에 증인으로 출석하여 증언한 바 있습니다. 위 재판과정에서 위 공소외인에 대한 피고인과 원심 판시 것은 진술이 엇갈리나 편지등 증거가 충분함에도, 심리미진에기한 사실오인으로 판결 결과에 영향을 미친 중대한 위법이라고 판단됩니다.

6. 또한 원심 거시 증거만으로는 피고인에 대하여 원심판시 모해 위증의 범행을 인정할 만한 증거가 부족하여 형사소송법 제325조의 '범죄사실의 증명이 없는 때'에 해당한다고 판단됩니다.

또한 상세한 상고이유는 항소심에서 수집 장의 의견서등을 제출했습니다, 상고이유서의 중복을 피하기 위하여 피고인이 제출했던 기록을 상세히 검토해 주시기 바랍니다.

존귀하신 대법관님 !

7. 이상의 이유로 보충 상고이유를 개진하오니 피고인을 모해위증 원심판결을 파기하고 환송판결 또는 무죄판결을 선고하여 주시기를 바랍니다.

○○○○ 년 ○○ 월 ○○ 일

상고인   ○ ○ ○

대법원 귀중

<부록>

친고죄·반의사불벌죄·친족상도례

구분	친 고 죄		반 의 사 불 벌 죄
내용	공소제기를 위하여는 피해자 기타 고소권자의 고소가 있어야 하는 범죄		피해자의 의사에 관계없이 공소를 제기할 수 있으나, 피해자의 명시한 의사에 반하여 처벌할 수 없는 범죄
관련규정	절대적 친고죄	사자명예훼손죄(제308조) 모욕죄(제311조) 비밀침해죄(제316조) 업무상비밀누설죄(제317조)	외국원수에 대한 폭행·협박·모욕·명예훼손죄(제107조) 외국사절에 대한 폭행·협박·모욕·명예훼손죄(제108조) 외국국기·국장모독죄(제109조) 폭행·존속폭행죄(제260조) 과실치상죄(제266조) 협박·존속협박죄(제283조) 명예훼손죄(제307조) 출판물등에의한명예훼손죄(제309조) ※ 주의 특수폭행(제261조), 특수협박(제284조) 학대·존속학대(제273조) 업무상과실·중과실치사상(제268조) 등은 반의사불벌죄가 아님
	상대적 친고죄 (친족상도례 규정)	권리행사방해죄(제 328조) 절도의죄(제344조) 사기와 공갈의죄(제354조) 횡령과 배임의죄(제361조) 장물에 관한 죄(제365조)	

▣ 편 저 이창범 ▣

□ 경희대 법정대학 법률학과 졸업
□ 서울지방경찰청 근무
□ 광주지방검찰청 사건과 근무

□ 저서 : 수사서류작성 실례집
□ 저서 : 진정서·탄원서·내용증명·고소장
　　　　사례실무
□ 저서 : 수사해법과 형벌사례 연구
□ 저서 : 바뀐형벌법

▣ 감 수 김태균 ▣

□ 1989. 용산고등학교 졸
□ 1993. 고려대학교 철학과 졸
□ 1997. 고려대학교 법학과 졸
□ 제43회 사법시험(제33기 사법연수원 수료)
　 현 법무법인 겨레 대표변호사
□ 인천지방법원 개인파산관재인(2013~2016)
□ 인천지방법원 법인파산관재인
□ 인천시 소방심사위원회(2016~2018)
□ 인천시 치과의사회 고문변호사(2017~2019)

2020 유형별 형사사건 실무 문례집

초판 1쇄 인쇄 2020년 7월 05일
초판 1쇄 발행 2020년 7월 10일

편 저 이창범
감 수 김태균
발행인 김현호
발행처 법문북스
공급처 법률미디어

주소 서울 구로구 경인로 54길4(구로동 636-62)
전화 02)2636-2911~2, **팩스** 02)2636-3012
홈페이지 www.lawb.co.kr

등록일자 1979년 8월 27일
등록번호 제5-22호

ISBN 978-89-7535-849-4 (13350)

정가 24,000원

▌역자와의 협약으로 인지는 생략합니다.
▌파본은 교환해 드립니다.
▌이 책의 내용을 무단으로 전재 또는 복제할 경우 저작권법 제136조에 의해 5년 이하의 징역 또
　는 5,000만원 이하의 벌금에 처하거나 이를 병과할 수 있습니다.

이 도서의 국립중앙도서관 출판예정도서목록(CIP)은 서지정보유통지원시스템 홈페이지(http://seoji.nl.go.kr)와 국가
자료종합목록 구축시스템(http://kolis-net.nl.go.kr)에서 이용하실 수 있습니다. (CIP제어번호 : CIP2020026405)

법률서적 명리학서적 외국어서적 서예·한방서적 등

최고의 인터넷 서점으로

각종 명품서적만을 제공합니다

각종 명품서적과 신간서적도 보시고
법률 · 한방 · 서예 등 정보도
얻으실 수 있는

핵심법률서적 종합 사이트

www.lawb.co.kr

(모든 신간서적 특별공급)

대표전화 (02) 2636 - 2911

반성문, 진정서, 의견서, 탄원서, 변론요지서, 항소이유서,
상고이유서는 재판을 진행하면서 많이 활용되는 서식들입니다.
특히 억울한 사정이 있는 경우 재판부에게 호소할 수 있다는 점에서,
범죄사실과 별개로 재판에서 중요한 역할을 할 수 있습니다.

따라서 억울한 사정이 있는 사람에게는 한 줄기 빛과 같은
제도라고 할 수 있습니다.

13350
ISBN 978-89-7535-849-4

24,000원